FEMME-PUBLIC

ALICE SAPRITCH

FEMME-PUBLIC

Ma vérité

PLON
8, rue Garancière
Paris

ISBN 2-259-01541-7

A Astrid et à Vincent

Treize heures. Je rentre en hâte dans mon chez-moi douillet. J'enfile mes chaussons, m'installe confortablement sur le divan du salon, face à la télé, pousse un soupir de soulagement.

Soudain, le téléphone sonne.

— Allô, madame Sapritch ?

— Oui.

— Je voudrais vous parler.

— Qui êtes-vous ?

— Mon nom ne vous dira rien...

Je m'en serais doutée. La voix m'est inconnue. Mon entourage se garde bien de me troubler pendant le journal télévisé.

— Présentez-vous tout de même !

Hésitant :

— Voilà, je m'appelle Michel (Paul, Gisèle ou Louise), et je suis pâtissier (pharmacien, étudiante, informaticienne...). Je vous admire beaucoup, et je voudrais vous demander...

Suit une explication, le plus souvent embrouillée, destinée à éclairer ma lanterne.

Des appels de ce genre, j'en reçois à longueur de journée. Interlocuteurs de tout poil. Contrôle d'identité pour le seul plaisir d'entendre le son de ma voix. Sollicitations diverses, plus folkloriques les unes que les autres.

Je reconnais que je me prête à cela en laissant mon nom dans l'annuaire. J'avoue, malgré tout, que je ne comprends pas. Je n'aurais pas l'idée, moi, de déranger quelqu'un que je ne connais pas pour bavasser.

Comme toujours, je réponds poliment (encore un qui, ayant trouvé la bonne porte, tape à côté de la plaque!), sans lâcher de l'œil mon cher Mourousi. Et j'écoute fermement.

Frustrée!

Ce dernier coup de fil m'a plutôt agacée. C'est vrai, j'en ai assez qu'on prenne sur mon temps, et que n'importe qui me sonne n'importe quand pour me demander n'importe quoi. Qu'on compose le numéro de l'Elysée, discute avec Mitterrand, et qu'on me fiche la paix! Qu'on ne m'oblige pas à m'inscrire sur la liste rouge!

Ma ligne, je veux la garder branchée sur la vie, en prise directe avec le monde.

Je sais qu'on me téléphone parce qu'on m'aime. De plus, comme je surprends, je détonne, j'intrigue, on fantasme sur moi. Ça, ça me dérange beaucoup.

Bien sûr, j'aime mon public. Je le respecte et je sais ce que je lui dois. Je n'ai aucune envie d'être désagréable. Mais en ce qui me concerne je constate qu'il y a « une incompréhension quelque part », selon l'expression à la mode.

On ne me voit pas comme je suis. J'ai beau le répéter dans la presse, cela me peine et m'afflige. Il est temps de faire une mise au point. Une sorte de mode d'emploi, disons. Je conçois effectivement la vie comme un échange. Eh oui, j'ai le goût du partage et je suis prête à donner. Encore faut-il ne pas s'y prendre, avec moi, comme un manche. J'ai passé l'âge de gaspiller bêtement mon énergie. Je mérite quand même qu'on me motive !

Alors je vais l'écrire, ce livre qu'on me réclame depuis longtemps.

Pas par besoin de me raconter. Mes amis sont là, si le cœur m'en dit. Pour m'expliquer. Pour rectifier le tir. Pour essayer de m'extirper de cette image déformée, tronquée, plaquée sur ma peau d'actrice amalgamée à ses rôles, ces champignons que les médias me collent sur le tronc d'arbre.

Je rassure tout de suite : ce ne sera pas un roman-fleuve. Je ne supporte pas les auteurs qui mettent quatre pages à décrire une fenêtre qui s'ouvre. Ça me fatigue. Et d'avoir toujours attrapé la vie à bras-le-corps m'a du moins appris à ne pas imposer aux autres ce qui me déplaît à moi-même. Question de politesse. Je déteste enquiquiner. En outre, je suis plutôt disciplinée et j'ai beaucoup de pudeur.

En fait, je devrais être ravie qu'un gosse ou un chauffeur de taxi m'arrête dans la rue pour me féliciter. Je n'en éprouve pas de vraie joie. Ce type de bonheur me semble un peu puéril. Le prix que j'ai payé pour cette célébrité est trop disproportionné, comparé à ses avantages.

Et ça continue. On mentionne mon turban quand

je porte un chapeau, ou mon fume-cigarette quand j'ai arrêté le tabac quelques mois.

Je suis devenue un stéréotype.

Mais ceux qui m'envient mes succès sans me connaître savent-ils que je n'ai jamais eu auprès de moi un seul être sur qui m'appuyer ? Je n'ai jamais compté que sur moi-même. Jamais pu espérer, même, le cadeau d'une boîte d'allumettes. Et dans ma naïveté je m'étonne qu'on n'ait pas encore remarqué que je garde toujours mon briquet à la main au cas où je voudrais fumer une cigarette.

Vais-je aujourd'hui me faire comprendre ? J'ai parfois une vision un peu brutale de la vie, et de nombreux défauts. Comme tout le monde. Je n'éprouve pas, à mon propre égard, une tendresse immodérée. D'une grande lucidité, je me juge sévèrement par moments. En revanche, je sais qu'il n'y a pas de bassesse en moi. De plus, je ne me souviens pas d'avoir, enfant, arraché les pattes d'une mouche. Pas d'extrême monstruosité, donc, à avouer en confession. D'ailleurs, pour ce qui est de la religion...

Bref, puisqu'on me croit autre, je vais me montrer telle que je suis, ni plus, ni moins, ni enjolivée, ni enlaidie. Le plus proche possible de ma vérité. Tant pis pour le risque ! Je vais faire un tour à visage découvert dans l'espoir que ce public qui me manifeste tant d'admiration me comprenne davantage.

Naturellement, je vais devoir fournir mes références, plonger dans un passé qui s'est enrichi au fil des années comme une terre qu'on nourrit de phosphate. Mentionner ma vie de femme.

Je m'en affole un peu. Je croyais ce bric-à-brac hétéroclite soigneusement bouclé dans un tiroir.

Freud dixit — je n'échappe pas à sa règle — tout ce qui nous arrive est conditionné par l'enfance. La mienne m'a marquée. Je lui dois mes drames et mes angoisses de l'âge adulte.

Un jour quelqu'un m'a rendu le service de me voler, dans une chambre d'hôtel, la valise contenant mes photos d'autrefois. J'ai pu ainsi imaginer avoir définitivement coupé tous les fils de cette toile d'araignée dans laquelle j'étais engluée. J'ignorais que c'est impossible. Que vous le vouliez ou non, le passé vous rattrape toujours.

Je ne me plains pas du mien. Je l'accepte tel qu'il est. Il n'offrira ici que l'intérêt de préciser ma personnalité, et de me permettre, éventuellement, d'aborder les problèmes du métier.

Car l'actrice aussi a rencontré des difficultés. Je sais bien que l'artiste est rarement compris. Aussi ne ferai-je pas là spécialement allusion à mon art. Je n'ai pas la prétention de plaire systématiquement. Je trouve parfaitement normal que certains ne m'apprécient pas dans mes rôles, ou que tel de mes personnages ait un impact plus fort que tel autre.

Il est vrai cependant que, sur une carrière si particulière, j'ai des choses à dire. Alors, pour une fois, j'aimerais bien qu'on m'écoute. A mon tour, je demande un peu d'attention.

Encore un mot, peut-être, avant de me mettre à nu pour entrer en scène. Je livre en fil d'Ariane ce portrait que mon ami Bory avait tracé de moi en 1975, dans lequel je me reconnais assez :

« Elle est imprévisible. Tantôt le front chargé d'orage, l'œil noir, pythie en rupture de trépied, Médée après le carnage familial, tantôt la bouche gonflée de sanglots qu'elle ravale, la larme faisant trembler le feu sombre de la prunelle. Tantôt grimacière, burlesque, Buster Keaton en jupon d'un comique baroque que personne encore n'a su utiliser. Voilà belle lurette que nous sommes complices sans être toujours d'accord. Comme je l'aime, je voudrais multiplier les garde-fous, les feux verts, les feux rouges. Vas-y, Alice, fonce ! Attention, Alice, danger ! Route glissante. Oui, oui, Alice écoute. Elle promet la prudence. Et puis elle envoie balader toute précaution avec le superbe mouvement de menton qui monte à l'assaut. Alice est comme ça. Elle adore le risque. Et s'il y a pots cassés, eh bien, bonne joueuse, elle sait les payer. »

1

Je dis volontiers : « Pour moi, aujourd'hui c'est déjà hier. » Résolument, délibérément, je m'efforce dans la vie courante d'oublier mon passé. Je veux renier mon enfance, mes années de lutte et de tristesse, et me tourner vers l'avenir.

Pourquoi m'éterniser sur des faits douloureux, me donner des raisons supplémentaires de m'affliger?

Quand je regarde derrière moi, je ne retrace que de rares bonheurs, moments très courts si fugitifs.

J'aurais voulu des souvenirs beaucoup plus chatoyants, plus rieurs. Je n'en ai pas, ou très peu. A l'occasion, je m'en fabrique avec mes soirées d'autrefois pour alimenter cette lampe vacillante de ma vie écoulée qui ne suffit pas à éclairer mon présent.

Chagrin irréversible, le temps qui m'est imparti est très court. A quoi bon gaspiller le peu dont je dispose ? D'ordinaire, je joue l'amnésie et profite de l'instant, riche en événements.

Mais comment me faire comprendre sans donner quelques repères ?

De parents arméniens, je suis née à Istanbul. Je dois sans doute à mes origines orientales un sentiment très fort de la fatalité. Oui, je crois au fatum. Il y a des êtres qui naissent pour l'effort et nagent toute leur existence à contre-courant, tandis que d'autres, poussés par un vent favorable, taillent la route sans difficulté.

J'appartiens au premier groupe. Je n'ai jamais rien obtenu sans lutter d'arrache-pied.

Régulièrement je suis encore poursuivie par ce cauchemar qui, d'aussi loin qu'il m'en souvienne, me réveillait la nuit. Une petite fille, en chemise de nuit, courant sur un quai de gare dans l'espoir de rattraper un train qui part.

Aujourd'hui encore — systématique en cas de fatigue, ou quand je répète et quand je joue — ce rêve atroce me tire du lit en sueur.

L'image de cette petite fille essoufflée est celle de ma vie. Tout m'a été laborieux, difficile, compliqué. Même au faîte du succès, j'ai peur de ne pas réussir.

L'angoisse m'a toujours hantée. Son objet, sans doute, s'est déplacé. Le train a changé. Celui de maintenant m'entraînera, j'imagine, vers l'ailleurs.

Jamais je n'ai connu le temps d'une insouciance.

Je n'ai pas eu l'heur de goûter les joies de l'enfance.

Fi des psy ! Mes analyses je peux les faire seule. Je suis lucide, formelle. Comme toujours. Devrais-je à présent camoufler, arranger la vérité ?

J'étais la cadette. Mes parents m'ont tout de suite différenciée de mes sœurs, mise à part, collé une étiquette de personne raisonnable. Si elles demandaient une permission, ils leur répondaient : « Quand tu seras comme Alice, tu pourras te permettre ce que tu veux. »

Quelle auréole pour une enfant de cinq, six ans ! Effrayant ! Je l'ai portée comme une croix.

Je possède encore une photo de moi : petit visage sensible dont le regard retient par son immense tristesse ! Elève attentive, j'étais souvent première en classe.

De toute manière, du jour de ma naissance, j'ai eu le label « exceptionnelle ». Pourquoi cela ? Je m'y prêtais par nature.

Trop pauvre, trop intelligent, trop doué, trop riche... Le trop peut être aussi un handicap. Curieusement la règle veut qu'on le paie d'une manière ou d'une autre. J'ignore pourquoi. La vie se venge en présentant tôt ou tard la facture. On chute, on dérape, parfois on se suicide.

Ce plus m'a permis d'émerger en tant qu'artiste. Personnellement, il m'a toujours terrifiée.

La différence avait certes des côtés agréables. Je conserve le souvenir de promenades privilégiées en compagnie de mon père, homme extrêmement cultivé et très intelligent. Nous allions sur le Bosphore. J'étais haute comme trois pommes et lui tenais la main. Il me montrait des paysages, abondait d'explications dans une relation d'égal à égal.

Son habitude des élèves — comme premier métier, il avait enseigné le français au lycée de Galata — lui permettait de savoir que j'avais la maturité de le suivre dans ses discours. Il me considérait comme une jeune fille, une compagne avec laquelle il prenait plaisir à bavarder.

Je me montrais plus réceptive que mes sœurs, qui n'ont jamais recueilli tant d'honneur.

La contrepartie a été pénible. J'ai payé le prix fort. Car s'il est agréable d'être cataloguée autre, cela crée des obligations.

Comment oser décevoir ? On se doit de tout comprendre. Malgré moi je suis devenue adulte sans avoir eu d'enfance.

Mes parents s'adoraient. Dix ans d'écart. A l'opposé l'un de l'autre. Ils formaient un couple étonnant, à la fois passionné et passionnant.

Elle, très belle, très bonne, croyante et pratiquante en même temps qu'effacée et simple, en admiration devant son mari. Lui, séduisant, charmeur, esprit brillant, parlant, outre le turc et le français, le russe, l'allemand et l'anglais — et tout dans la superbe.

Ils avaient fait un mariage romantique. Ma grand-mère s'opposant à leur union, mon père enleva ma mère à dix-sept ans pour l'épouser.

Pour moi, des drames en permanence, au milieu desquels j'intervenais.

Non que mon père ait jamais trompé ma mère. Les joueurs sont rarement coureurs. Mais parce qu'il jouait, précisément. Sérieusement, avec acharnement, selon la pratique orientale.

A l'approche de la quarantaine, mon père a définitivement abandonné les affaires pour s'installer à la table de jeu. Il lui arrivait d'y rester deux, trois semaines d'affilée. Il jouait gros, à tous les jeux. Et il perdait.

Il ne jouait pas mal. Au contraire. Mais il ne quittait son siège qu'au dernier centime.

« Un grand joueur ne gagne jamais », m'expliquait-il.

Au début, nous habitions une très belle villa, non loin de la côte, au milieu d'un parc. Ma mère avait reçu une grosse dot en se mariant, et des bijoux. Tout a fondu.

Ma mère, naturellement, se répandait en reproches. Cependant, totalement à sa dévotion, lui pardonnait toujours.

De cette période, je n'ai en mémoire que des plaintes continuelles, des disputes perpétuelles qui sans doute s'achevaient dans l'amour. Avec eux, je n'ai jamais eu de soirée calme. Non, ils ne se battaient pas. Ma mère pleurait. Mon père, cynique, répétait qu'ayant commencé à l'âge de quatorze ans, il ne cesserait jamais. Capable de tirer avantage de n'importe quelle situation, il avait toujours le dernier mot.

Farouchement optimiste, c'est l'être le plus heureux que j'aie rencontré. Jamais il ne se plaignait. A aucun moment.

Moi, dans tout ça, j'étais l'otage. Celle que ma mère envoyait chaque soir, à l'autre bout de la ville, chercher son père pour le ramener à la maison. La seule à pouvoir le convaincre de rentrer. Une fois sur deux, je réussissais. Nous revenions ensemble. Mais, le lendemain, je reprenais le tramway sans lui, et sanglotais tout au long du parcours à l'idée d'annoncer la mauvaise nouvelle, et des tourments qui s'ensuivraient.

Etrange coloration pour un paysage de petite fille.

Non, je n'exagère rien. Je n'ai aucune raison non plus d'aimer les fêtes. Noël, chez nous, constituait l'occasion de sortir les tapis verts, de transformer le salon en tripot et de voir souffrir ma mère.

Mon père, très snob, commandait nos jouets à Paris, au Nain Bleu (et nos graines chez Vilmorin).

Je lui dois un certain goût du luxe, mais très tôt j'ai connu les huissiers à la porte, le va-et-vient des meubles qu'on emmène.

J'aimais mes parents cependant plus que tout au monde. Mon père m'a légué son art des extravagances et sa passion de l'exceptionnel. C'est lui aussi qui m'a insufflé cet amour d'une France idéalisée, pour lui terre de liberté.

Ma mère, pour sa part, m'a transmis sa sensibilité. Elle ne comprenait pas grand-chose de la vie. Son mari lui échappait totalement sur le plan intellectuel.

Tous deux adoraient le théâtre. Nous allions voir les classiques. Abonnés aux tournées de la Comédie-Française, nous assistions régulièrement aux représentations avec l'élite d'Istanbul. Je me rappelle Huguette Duflot dans *la Dame aux Camélias*. A un moment, mon père s'est penché pour chuchoter à l'oreille de sa femme : « Ce n'est pas une grande actrice. » J'ai constaté par la suite qu'il avait raison.

Je me souviens également — j'étais plus jeune — d'avoir suivi seule avec ma mère une pièce médiocre dont je n'ai pas oublié le sujet. Un joueur, les poches vides, refusant de céder devant l'adversité, déposait sa petite fille sur la table. En gage. Ma mère s'est sentie mal. Nous avons dû sortir. Cette scène m'a marquée. Les raisons de ce malaise m'échappaient.

Plus tard, elle m'a fourni l'explication, en concluant : « Un jour ton père en viendra là. »

D'où ma méfiance des casinos, effet tout de même positif de mon éducation. Je m'accorde un quota d'une heure, que je ne dépasse pas. Le temps de quelques jetons.

Oui, mes parents m'ont inculqué l'anxiété. Néanmoins, ils s'accordèrent toujours sur un point : leur fierté à mon égard. Une admiration qui relevait de la fascination, et que j'assumais en retour, comme on s'accommode d'une tare congénitable.

Certes j'ai été très aimée, choyée. On ne m'a jamais grondée. D'ailleurs je ne le méritais pas.

J'étais hors norme, mais on jugeait cela normal. On ne voyait pas en moi l'enfant, mais l'adulte, comme les parents d'un bossu finissent par oublier la bosse. Jamais on ne s'est inquiété à mon sujet. Par principe, quoi qu'il advienne, je saurais m'en tirer.

En revanche, je me devais de les épater, ce qui a conditionné toute ma vie. Car si j'ai partagé les leurs, jamais je n'ai pu leur faire part de mes propres difficultés.

Tout le monde n'a pas la chance d'être orphelin, clamait Poil de Carotte. Sévère, Jules Renard? Clair, oui. Que sait-on de ses blessures?

Evidemment, il y a des parents épouvantables, monstrueux qui tabassent leurs gamins, mais d'autres, qui vous comblent de mots d'amour, vous fustigent d'une autre manière. Je sais les extrêmes. Et je rêve à retardement du juste milieu. Moi j'ai été trop aimée, mais j'ai été mal aimée.

Quand on aime, je demande qu'on aime bien. Et non à travers le prisme de ses illusions ou de ses fantasmes. Je hais la possessivité. Mes parents, les premiers, m'ont chérie avec passion, et j'ai manqué en périr étouffée.

A treize ans, j'ai pensé pouvoir échapper à ce fardeau trop lourd qui pesait sur mes épaules. Rêvant de ce Paris que mon père ne cessait de me décrire, j'ai voulu partir.

Accompagnée par ma mère et mes sœurs, je me suis d'abord arrêtée à Bruxelles, le temps d'achever mes études secondaires, chez ma grand-mère maternelle.

Remarquable femme d'affaires de dimension internationale, cette grande dame arménienne avait fondé une maison de haute couture, sorte de Coco Chanel ou de Nina Ricci à la mode orientale pour la Turquie des années 20. Ce qui m'a le plus impressionnée chez elle, c'est qu'elle s'était, en quelque sorte, offert un mari, un homme très beau, qu'elle vénérait et entretenait dans l'oisiveté.

Il est mort lorsque j'avais quatre ans. Je l'ai donc peu connu. J'ai retrouvé ma grand-mère ruinée par son fils outrageusement gâté. Elle le préférait cependant à ma mère qu'elle méprisait, lui reprochant sa faiblesse et son manque d'intelligence.

Cette grand-mère surprenante, dotée d'une force de caractère peu commune, a exercé sur moi une influence considérable. Mais elle aussi, dès le départ, m'a différenciée. Et je me suis vue une nouvelle fois responsabilisée avant l'âge. Je me devais d'être à la hauteur de l'estime qu'elle me portait.

Sur ces entrefaites, mon père est venu nous rejoindre. Au lieu de chercher du travail, il a recommencé à jouer. La même comédie se reproduisait. Pour faire bonne mesure, à Bruxelles, nous avions le statut d'immigrés.

Comment nous faire vivre ? Ma mère courageuse, sans talent ni formation particuliers, a pu se placer comme gouvernante dans une riche famille arménienne de marchands de tabac.

Outre ses fonctions officielles, elle servait d'agent de liaison à sa patronne qui trompait son époux. Une femme d'ailleurs fort gentille, qui nous a considérablement aidés sur le plan financier, mais dont par discrétion je choisis de taire le nom.

Moi, naturellement, j'étais au cœur du micmac en tant que confidente. J'avais pour mission, au retour de l'école, de passer chercher le salaire de ma mère. Je me revois encore, dans l'antichambre, saisissant avec l'enveloppe le prix de la trahison qui servirait à nous élever.

En un mot, ma jeunesse bruxelloise a été dramatique. Je l'ai vécue dans les intrigues, l'œil aux aguets, une fois de plus avec la hantise que ma mère ne réussisse pas à s'en sortir.

Je passe sur mes révoltes. J'ai été jusqu'à militer, à l'époque du lycée, au parti communiste.

Pour couronner le tout, ma grand-mère détestait son gendre, qui le lui rendait bien par son indifférence et me disait devant elle, pour la taquiner : « Ma fille, quand je mourrai, je ne veux pas de croix, sur mon cercueil. Tu mettras un jeu de cartes. »

En une autre occasion — elle venait de découvrir qu'il s'était fait rembourser une assurance qu'elle avait, dans sa sagesse, contractée pour mes sœurs et moi, et lui demandait des comptes en présence de ma mère car il s'agissait d'une grosse somme que nous devions toucher à notre majorité — il l'avait narguée : « Vous êtes deux sottes. Ignorez-vous que l'assurance est un vol ? J'ai récupéré cet argent parce que je ne veux pas encourager le vol collectif. »

Malgré l'affection que je leur portais, c'est donc avec un certain soulagement que j'ai vu mes parents et mes sœurs retourner sans moi à Istanbul. Mon père trouvait le jeu plus intéressant là-bas, la Belgique n'étant pas le pays de cocagne espéré.

Je découvrais la liberté. Je croyais les avoir quittés. Je les ai retrouvés après. Ils n'ont jamais cessé de me poursuivre. Plus tard ils sont venus me rejoindre à Paris, ensemble ou tour à tour. Je les gardais quelques mois et je payais le billet de retour. Ils débarquaient à Marseille et repartaient d'Orly. Comme ces étrangers qu'on éjecte à une frontière et qui repassent par une autre.

Un enfer !

Toutes ces allées et venues ont imprimé à mon existence un balancement dont je n'ai jamais pu me délivrer. Je me méfie du bonheur. Lorsqu'il m'arrive un événement heureux, je ne peux pas m'empêcher de redouter le revers de la médaille. Et même dans mon métier, je crains le succès plus encore que l'échec.

Flux et reflux. J'ai envie de partir, et toujours on me rattrape.

Pour ma famille, simple tradition. Les déplacements de la smala. Le côté oriental. Ou purement méridional, comme les spaghettis s'entassent à New York quand l'un d'eux s'y est établi...

J'ai connu quatre ans de paix : pendant la guerre. Je savais qu'ils ne pouvaient pas bouger. Mais à peine la France libérée, ils sont revenus en force.

Logique. Mes lettres ne révélaient rien de mes soucis. J'avais le devoir de ne pas déchoir à leurs yeux. Ils n'ont jamais su que j'habitais des chambres de bonne, ni mes passages difficiles.

Je ne leur mentais pas. Ils auraient pu s'informer. Ils préféraient enjoliver. « Ma fille fait du théâtre. Elle gagne une fortune... » Dans leur tête, j'oscillais entre Sarah Bernhardt et les Rothschild.

« ... Et comme elle a du cœur, elle aide sa famille. »

Un après-midi, au Flore — j'attendais mon mari — c'est ma sœur qui m'a amené sa fille.

Par bonheur cette enfant m'a plu. Et même

beaucoup. Elle avait quatre ans, un œil malicieux, et je l'ai gardée pour aider sa mère, selon son désir.

Une fois encore, on ne m'avait demandé ni mon opinion, ni si je pouvais.

Je ne le regrette pas. J'avais décelé chez elle une étincelle très particulière. Je possède depuis toujours cette forme de perception immédiate qui me trompe rarement sur la qualité des individus.

Dès le ventre de la mère, tout est dans l'enfant, comme dans l'œuf. Je sais observer, et je peux définir quel adulte il va devenir.

Ma nièce m'a donné raison. Elle a aujourd'hui trente ans, du caractère, du courage et un talent certain. Intelligente, charmante, elle peint. Elle percera.

Sincèrement, famille ou pas famille, j'avoue que s'il n'y avait pas eu entre nous des atomes très spéciaux, je ne l'aurais probablement pas prise en charge. Ses façons m'ont séduite.

J'aurais aussi bien repêché une gamine perdue sur un coin de trottoir. La voix du sang n'a pas vraiment parlé. Mais il s'est développé entre nous une relation très forte qui m'intéresse beaucoup.

Elle est la fille que je n'ai pas eue. De fait, je la déchiffre très bien et je respecte sa liberté.

L'abomination de vouloir mettre sous cloche quand on aime, ou de concevoir dans l'idée qu'un jour quelqu'un soignera vos rhumatismes ! Et l'on s'étonne que les rapports se gâtent...

Un enfant est d'abord un enfant, puis il grandit et l'on ouvre la porte. Les êtres appartiennent à eux-mêmes.

Nous avons beaucoup de tendresse, Astrid et moi, l'une pour l'autre. Mais elle mène sa vie, avec son jules, son bébé, son travail. Je n'en attends pas une protection pour la vieillesse. J'opte pour un relatif isolement. C'est ainsi que je conçois nos liens.

Du reste, qui ne se trouve fondamentalement seul, même au sein du couple le plus uni, de la cellule familiale la plus soudée ?

Je ne redoute pas la solitude. Ce qui me pèse, ce sont ces exigences qu'on a toujours eues à mon égard.

Dans mon courrier — encore un exemple — je ne reçois que des demandes. La ligue de ceci, le comité de cela, le copain qui voudrait un rôle, le chômeur un métier. A croire qu'on me prend pour la soupe populaire !

Parfois je le ressens mal. Suis-je moi-même à l'abri ? Est-ce mon rôle de les aider ? J'aimerais qu'une fois, une fois on m'interroge : « As-tu besoin de quelque chose ? » Ça ne m'est jamais arrivé.

Au fil des années, mon père m'a souvent écrit en cachette de ma mère. Chaque lettre me quémandait de l'argent. J'en souffrais et m'efforçais de le contenter.

Mon passé n'est qu'une suite de requêtes auxquelles j'ai souscrit. Voilà pourquoi je préfère l'ignorer. Mais toujours on me rattrape. On m'a toujours rattrapée.

Jusqu'à cette émission de Patrick Sabatier qui s'appelle « Avis de recherche », que j'avais d'abord refusée, prétextant avoir égaré mes vieilles photos de classe.

Eh bien, il a fallu que quelqu'un en retrouve une. Et pour mon malheur, ce garçon très opiniâtre, à force de revenir à la charge, a fini par me convaincre.

J'ai cédé et je me suis retrouvée à Bruxelles, sous les spots, au milieu d'un groupe d'anciennes camarades.

L'horreur !

Naturellement, toutes du même âge. Jeunes filles changées en mémés.

Certitude du temps retrouvé.

A une exception près — une fille pas bête, devenue directrice de lycée — sans schéma professionnel particulier. Lot frémissant sur le plateau, affolé par la caméra. Je n'en reconnaissais aucune. Avec la routine de la télé — je connais la machine — et le présentateur aidant, j'ai visé la cote mal taillée.

Dieu ! On a fait dans le pathétique. Néanmoins remporté un grand succès.

Ce cap franchi, j'ai soufflé un peu, ignorant que le pire m'attendait.

Le professeur de français qui avait marqué mon adolescence — la seule que j'eûsse souhaité revoir — souffrante le soir de l'émission et n'ayant pu y participer, m'a contactée à l'Hôtel Métropole : « Ma chérie, j'aimerais organiser une soirée en ton honneur, avec tes amies... »

Après avoir longuement hésité, j'ai malencontreusement accepté.

Certes elles sont toutes venues. Ravies. Mais pas un mot pour moi. Pas une parole aimable. Pas une gentillesse. C'étaient elles, les stars. Je me suis réfugiée dans un coin du salon avec la maîtresse de maison, handicapée à l'époque. Elles jacassaient entre elles, détaillant leurs hauts faits : « Quand j'ai vu l'objectif se tourner vers moi, j'ai... »

Durant cette période, je jouais dans la capitale belge. Et je leur avais offert des places pour mon spectacle. Elles y avaient assisté. Aucune ne m'a remerciée. Une fleur m'aurait comblée.

Pour ma part — je m'autorise la férocité — je ne voyais rien à leur dire. Elles débarquaient d'une autre planète, n'ayant pas évolué depuis notre séparation, et se montraient stupides.

Leur en vouloir ? J'ai tellement l'habitude qu'on se valorise à mes dépens. De toute manière, cette rencontre, même réussie, n'aurait pas suffi à me réconcilier avec un passé dont la seule évocation me décourage.

Aussi ai-je choisi, depuis longtemps, de n'en conserver qu'une image. Celle d'un arbre, dans le jardin de notre villa. Mon arbre, puisqu'il m'était réservé. J'avais seule le droit d'y accéder. Je m'installais sur une branche d'où je dominais le paysage, et j'y passais des heures, le regard rivé par-delà le Bosphore dans la direction de ce Paris que mon père me rabâchait. Le soir, je m'échappais pour y grimper au clair de lune. Et je demeurais là, les yeux fixés sur l'impossible, dans le désir, l'attente de toute une vie de passion.

A sept, huit ans, je m'interrogeais. Je m'imaginais cette ville qu'on me décrivait avec des mots d'amour. Comment y parvenir ? Projetée dans l'avenir, je rêvais d'y partir. Réussir, devenir unique...

Garçon manqué ? Certainement. Je préférais les meccanos et les jeux de constructions aux poupées. D'ailleurs, la seule qu'on m'ait offerte, je l'ai fendue de haut en bas, aussitôt, à l'aide d'une paire de ciseaux, curieuse de savoir ce qu'elle recelait. Déçue de n'y trouver que du son et un vilain ressort, je l'ai abandonnée immédiatement.

Chez les gens aussi, l'intérieur m'intéresse plus que l'enveloppe. J'ai gardé ce goût de l'authentique, comme celui des arbres qui m'incitait à partir à la conquête de Paris.

Pour l'instant, donc, tournons la page.

2

A seize ans, quand j'ai eu trois sous, j'ai laissé ma grand-mère à Bruxelles et pris le train pour l'Eden. Paris.

Je suis descendue sur un quai, gare du Nord, et là j'ai eu très peur.

On croit que l'insouciance protège de la frayeur. Erreur ! C'est quand on est jeune qu'on s'épouvante. Le regard que les passants portent sur vous, les bruits... L'incertitude qui vous envahit. Par la suite, on se raisonne.

Ma force : en poche, deux lettres de recommandation. L'une pour André Breton, l'autre pour Gaston Baty, données par un copain journaliste.

Certes, j'avais des qualités : une grande dignité, que j'ai conservée tout au long de mon existence, et une intense faculté d'écoute, plus précieuse à mes yeux que l'intelligence.

Mais surtout le désir : quand on veut quelque chose — moi c'était réussir, vivre seule à Paris pour devenir actrice — il ne faut pas vouloir à quatre-vingts pour cent, mais à quatre cents pour cent, mille pour cent ! Dès le départ.

Moi, j'ai toujours voulu être comédienne, unique, célèbre. C'était pour moi le symbole même de l'aventure. Ma seule envie.

Et à Paris ! Mon côté Rastignac. Le Moscou des Trois Sœurs. La ville par excellence, le lieu que je devais adopter, et par qui je devais l'être. Ce paradis dont on avait bercé les rêves de mon enfance.

L'arrivée n'a pas été facile.

J'ai trouvé Breton, au milieu de son cénacle, chez Duncan, rue de Seine. Poli, mais occupé de littérature. J'avais besoin d'un toit, et je suis repartie.

J'ai rencontré alors Frédéric Lefevre, directeur des *Nouvelles littéraires*. Il m'a convoquée un samedi, dans son bureau. Naïvement, j'ai accepté. Au bout d'une enfilade de couloirs, je me suis vue face à une espèce de gros porc, à demi dévêtu, qui me détaillait comme un maquignon et s'est jeté sur moi. Abominable ! J'ai pu me sauver sans consommer. Malgré tout, j'avais dû l'émouvoir.

Il m'a fait déjeuner quelques jours plus tard avec une journaliste, Claude-Odette Calmon, qui m'a hébergée en me prêtant une chambre de bonne, et nourrie. Tous les matins, je descendais dans sa cuisine, par l'escalier de service, où m'attendait un copieux petit déjeuner — baguette de pain frais, beurre, confiture et grand bol de café au lait.

Ce fut là, durant un certain temps, mon seul repas de la journée. L'estomac calé, je partais flâner, le nez au vent.

Je ne remercierai jamais assez cette fille équilibrée et généreuse qui m'a permis de subsister.

Je courais voir Crommelynck, rue Vaneau, qui me recevait toujours aimablement. Il me parlait de ses pièces, mais je ne l'entendais pas. Je cherchais du travail.

Le choc, je l'ai reçu avec Baty qui dirigeait à l'époque le Théâtre de Montparnasse. Comme je lui confiais mon amour de la scène, il m'a envoyée faire du nu au Casino de Paris !

Je m'en suis naturellement bien gardée. Mais si le regard qu'il portait sur moi n'était pas celui que j'espérais, cet homme averti, en me jaugeant, m'a rendue attentive à mon corps, et donné l'idée de devenir modèle.

Notez là ce trait de mon caractère : l'aptitude à trouver le positif dans le négatif.

En quelque sorte, je suis économe. Avec moi, rien ne se perd. Mon imagination transforme tout ce qui se présente à ma vue. Et c'est pourquoi le gaspillage m'irrite. Si on a pris la mauvaise route, il suffit de faire machine arrière et revenir à l'embranchement.

De fait, j'avais un très beau corps. Du moins jusqu'aux genoux. Après, les choses se gâtaient. Mais c'est surtout le haut qui intéresse les peintres.

Ainsi je gagnais ma vie, baignant dans le monde de l'art, marchant — je crois que personne n'a marché autant que moi à l'époque — au gré de ma fantaisie, portée par mes élans.

Ça m'amuse toujours quand on s'imagine que je pratique le Flore ou Lipp pour pavaner ma célébrité dans des lieux à la mode ! J'y vais depuis l'âge de seize ans. J'y ai croisé et fréquenté tous les grands noms de la littérature.

Paul Fort... Léon-Paul Fargue, qui détestait le

monde et pourtant traînait la patte chez les comtesses. Je garde un merveilleux souvenir de ses dîners à la Grille. Il m'a appris à voir et à lire.

Déjà la guerre menaçait.

Il se trouve qu'au moment de l'exode je résidais chez une châtelaine, à La Chapelle, aux environs de Vichy, une femme éperdue d'amour pour le peintre avec lequel je vivais. Ce dernier, qui m'adorait, devant partir quelque temps — sa notoriété s'étendait à l'étranger — avait eu cette idée saugrenue de me confier à ses soins.

Alors que tout Paris déménageait en hâte, moi je n'avais qu'une pensée : y retourner.

Mon séjour se révélait pourtant fort agréable. La dame en question ayant transformé son château en école bilingue, je rencontrai chez elle des gens très intéressants. Jaulas, le traducteur de Joyce, Joyce lui-même qui m'avait gentiment dédicacé son livre.

Je l'ai égaré et je le regrette, pour le souvenir plus que pour la dédicace, par ailleurs charmante. Je laisse facilement les choses s'effilocher autour de moi. Je néglige d'entretenir certaines relations. Défaut qu'on peut relier à mon penchant nomade. Je n'ai jamais eu le souci de la collection, ni de la possession.

En revanche, j'étais, d'instinct, timide, ou plutôt réservée. Naturellement bien élevée. Je n'embêtais pas. Je n'avais pas cette insistance des gens de maintenant que je m'explique mal.

Enfin, malgré le charme de ces présences, la gentillesse de mon hôtesse, j'ai fait des pieds et des mains pour rentrer dans la capitale. Au point qu'à Vichy on me prenait presque pour une espionne. A force d'accumuler les démarches (trente-six kilomètres à bicyclette à chaque fois pour aller faire les doux yeux aux fonctionnaires), j'ai fini par obtenir mon coup de tampon et j'ai grimpé victorieusement dans le premier train qui recirculait en direction de Paris.

Avec une superbe inconscience et démunie de tout, mais rassérénée de fouler le sol que j'aimais, je déambulai avec bonheur dans les rues désertées.

Depuis la conférence de Munich, en 1938, craignant de ne pouvoir demeurer en France si un conflit éclatait, je m'intéressais au Conservatoire. En me disant : « Ma fille, vise la sécurité. Entre au moins dans une école. »

Je savais pertinemment que cette institution (Conservatoire veut bien dire « qui conserve ») était le contraire de ma nature de hippie avant la lettre. A l'opposé de ce que je cherchais. En fine mouche, je décidai de faire semblant, et je m'y suis appliquée.

René Simon, personnage de grande renommée, préparait les entrées au Conservatoire. Mon ami Tisot dont je viens de lire les Mémoires paraît en faire grand cas. Moi je l'ai perçu immédiatement comme une sorte de cabot raté qui, ayant perdu son palais, racontait sa guerre (celle de 14). Je m'ennuyais beaucoup. Pas du tout mon atmosphère. J'ai des goûts plus excentriques. Dans ma tête, le Théâtre avec un grand T devait se présenter autrement que ce professeur mimant une scène du haut d'une estrade devant un auditoire compassé.

Simon lui-même ne semblait guère attiré ni par mon physique ni par mes aptitudes.

Peu importe. Je devais quand même avoir des dons. Il me fabrique, et en 1941 je réussis le concours.

Concours difficile, à l'époque surtout : moins d'une dizaine de places pour cinq cents candidats.

Deux pour les élèves étrangers. Casarès et moi. Six pour les Français.

Je pousse un ouf! de soulagement. Il n'est plus question de m'expulser. J'ai le statut de résidente. Ma famille cesse de me supplier de rentrer à Istanbul.

Un bonheur n'arrive jamais seul. Apparemment un malheur non plus : Dussane décide de me prendre comme élève — son ancienneté lui donnait la priorité du choix. Je me retrouve dans sa classe sans comprendre pourquoi. Nous n'avions rien en commun.

Elle aimait tout ce que je détestais, la préciosité, la convention, et restait de marbre devant mon côté baroque, face à mes élucubrations. Elle adorait les riches. J'étais sans fortune.

Et vice versa, loi de réciprocité des sympathies et des antipathies. J'ai tout de suite vu que ça n'irait pas du tout. Conférencière dans l'âme, elle pérorait, nous commentant Molière et les classiques. Je préférais les lire.

Génial Pirandello, à chacun sa vérité! Tisot — encore lui! — semble avoir conservé d'elle un excellent souvenir. Pour ma part, je haïssais ses cours, et me passionnais pour ceux de Jouvet auxquels j'assistais en tant qu'auditrice, nos horaires, par chance, se conjuguant bien.

Chez Dussane, j'accumule les retards et l'indiscipline. C'est avec Jouvet que j'apprends, plus qu'avec elle. Provocatrice, je ne m'en cache pas.

En fin d'année, je présente l'examen. Comme je suis assez douée — j'ai par ailleurs pas mal répété avec Charon qui me donne la réplique — je réussis brillamment avec la scène de la sorcière de *Saül,* de Gide.

J'avais sélectionné ce texte parce qu'il n'était ni tragédie ni comédie. Je voulais pouvoir concourir dans ces deux domaines. Mais voilà qu'on me décrète plutôt tragédienne.

Mon physique impressionne. J'ai l'air d'une gitane, avec ma peau mate, mes grands yeux noirs et mes longs cheveux aile-de-corbeau.

On m'empêche, l'année suivante, de jouer la comédie, m'amputant *a priori* de la moitié de mes chances.

Démobilisée, je me désintéresse passablement des études. Au bout du compte, je loupe mon prix. A cela, des raisons diverses.

D'abord, je profite de la vie, et traîne souvent tard, dans les bistrots de Saint-Germain-des-Prés, avec mes copains dont les conversations me paraissent plus excitantes.

Si je les ai bien connus, j'ai peu fréquenté ceux de ma promotion, personnalités pourtant tout à fait remarquables : Maria Casarès, Jacques Charon, Françoise Christophe, Sophie Desmarets, Robert Dhéry, René Dupuis, Jacques-André Duval... Bonne cuvée, mais je n'avais pas les mêmes préoccupations. Ils vivaient, pour la plupart, chez leurs parents, menant une existence protégée et plus régulière que la mienne.

Charon, cependant, resta mon soupirant un moment.

Desmarets — ma Sophie — habitait comme moi dans un hôtel du boulevard Rochechouart. Pas le même. Le sien était chic.

Je ne l'ai guère revue depuis lors, jusqu'à ce que je la retrouve dernièrement pour une série d'émissions des « Grosses Têtes » avec Philippe Bouvard. Je la considère encore comme ma copine, un de mes rares bonheurs de cette période, quoiqu'un proche m'ait rapporté, à la fin d'un dîner, qu'elle me détestait. Douchée — il n'est pas du genre à me peiner gratuitement — j'ai voulu investiguer : « Pourquoi ? Nous avons le même âge. Elle est marquise. Elle a des enfants, elle est riche. Elle a eu beaucoup de succès. » Il m'arrête : « Tu viens de le dire. Elle *a eu* beaucoup de succès. Toi, c'est maintenant... Elle te jalouse. »

Qu'en penser ? Comme dit Molière : « On ne voit pas les cœurs. » J'ai croisé Sophie, depuis, et continué à la saluer sans lui exprimer ma déconvenue. On n'en finirait plus. Je lui garde mon affection. Je l'ai définitivement classée dans mes bons souvenirs de jeunesse, et je n'en ai pas tant.

Je me rappelle, entre autres, qu'on déjeunait chichement à la cantine de la rue de Madrid — joies de l'Occupation ! Du moins ai-je pu survivre. J'avalais mon repas à la hâte et me dépêchais de traverser la Seine pour filer prendre le café dans mon univers, au Flore ou aux Deux-Magots.

L'examen en soi s'est très bien passé. Restait l'épreuve finale : j'avais préparé la tirade de Roxane, du *Bajazet* de Racine.

Il était convenu que Mary Marquet, qui tenait le rôle au Français, me prêterait l'une de ses tenues. Tous les sociétaires ont plusieurs costumes. Naturellement, je ne lui avais pas demandé celui qu'elle utilisait, mais un de ceux qu'elle ne portait plus. Remontant par la voie hiérarchique, j'avais obtenu son accord. (A l'époque, on ne se tapait pas familièrement sur l'épaule. Il y avait ainsi deux ascenseurs : un pour les sociétaires, l'autre pour les pensionnaires).

Donc la veille du concours, forte d'avoir respecté

les usages, j'arrive en fin d'après-midi chez son habilleuse pour chercher ma robe, et je m'entends répondre : « Mme Mary Marquet ne vous la prête pas. » Sans explication. Elle avait changé d'idée.

La pauvre femme, percevant mon désarroi, a fait de son mieux pour me procurer un habit. J'ai hérité finalement du pantalon bouffant de Maurice Escande et de sa veste de Bajazet dont on m'a attifée tant bien que mal avec des épingles. Trop tard pour me reconvertir.

J'ai sangloté toute la nuit et, bien que démoralisée, j'ai donné ma prestation, le lendemain matin, dans ces curieux atours.

Recalée ! Evidemment, je n'irai pas jusqu'à incriminer Mary Marquet. Je n'avais pas suffisamment travaillé. Je constate simplement qu'elle ne m'a pas aidée.

Tisot — toujours lui ! — l'estimait beaucoup. En ce qui me concerne, je suis quand même ravie d'avoir eu l'occasion plus tard, non pas de me venger, le mot serait trop fort, mais de lui river son clou.

Au soir d'une de mes meilleures émissions de télévision, *Vipère au poing*, le téléphone sonne. « Sapritch, ici Mary Marquet. (De sa grosse voix). Je vous ai vue tout à l'heure en Folcoche, et je tiens à vous dire que vous étiez extraordinaire... » Je la coupe dans son speech par un « Merci Madame ! », et je raccroche.

J'ai su par la bande qu'elle s'était plainte, furieuse que j'aie écourté. « Comment moi, Mary Marquet, sociétaire de la Comédie-Française, officier de la Légion d'honneur (suivait la litanie de ses titres), je me donne la peine de la féliciter... »

Oui, les compliments me touchent davantage

quand je les sais vrais. Je l'ai bien sentie d'humeur à faire une parlote. De plus, elle volait au-devant de la victoire. Mais les sentiments faux, même à mon avantage, me laissent de glace. Je sais pertinemment, quand on vient me féliciter dans ma loge, qui est sincère et qui ne l'est pas.

J'ai donc quitté le Conservatoire, ce monde étranger, sans grand regret. Avec le recul, je n'hésite pas à affirmer qu'il ne m'a strictement rien apporté. J'ai même probablement failli y perdre cette flamme qui était en moi, prête à s'épanouir.

De toute manière, dès l'entrée, mes qualités et mes défauts apparaissaient clairement. Comme chez mes camarades, d'ailleurs.

Là, je voudrais donner une indication : on naît avec le talent, on ne l'acquiert pas. J'ai fait partie, au Conservatoire, d'une fournée assez extraordinaire. Mais tous ceux qui ont réussi étaient déjà des cracs au départ. Peut-être à l'état embryonnaire. Néanmoins on pouvait prévoir leur parcours.

Je ne connais qu'un exemple qui pourrait me contredire sur ce point : celui de Jacques Charon, le moins doué d'entre nous. Il n'avait pas le tempérament, mais par son labeur et son acharnement, il est parvenu à se tailler une superbe carrière.

Encore que l'obstination seule n'eût pas suffi. S'il lui manquait *le plus,* il en avait le sens, ainsi qu'une façon d'être qui lui a permis de s'intégrer dans le tourbillon de la création. Par exemple, il pillait savamment les gags inventés toutes les deux minutes par Jacques-Henri Duval (le malheureux souffrait d'un handicap physique terrible, pour un comique : une tête de trop. Les grands ne font pas rire. Il faut mesurer un mètre cinquante). Diplomate remarquable, sachant porter les valises des sociétaires en temps utile, grand organisateur de voyages... Jacques alliait le savoir-faire à l'art du faire-savoir... Je ne me moque pas, d'autant qu'il nous a quittés. Rien de péjoratif, je l'admire !

Sur ce plan, Le Poulain lui ressemble. Mais lui, il a aussi une nature. Un peu débordante, pléthorique, parfois jusqu'à l'anarchie. Comme Belmondo qui, à vingt ans, était déjà un cas.

Indispensable à l'ingénieur qui veut construire des avions, l'intelligence, dans notre métier, peut certes étayer le talent mais en aucun cas le remplacer.

Quoi qu'il en soit, en 1943, mon problème ne se posait pas en ces termes. Certes, j'avais toujours dans la tête l'idée de devenir vedette. Mais, comme il fallait bien débuter, j'entrai dans la troupe du Regain, où j'interprétai la reine Gertrude, jeune mère d'un pétaradant Hamlet (Christian Casadesus). Après une tournée très amusante, nous avons repris la pièce, à la rentrée, au théâtre Hébertot.

Mes vrais débuts, je les ai faits avec Mara, dans *la Jeune Fille Violaine*, de Claudel, à la salle d'Iéna. Pièce mise en scène par Maurice Leroy.

Certaines joies se présentent un peu tard. Un soir que je jouais devant trois personnes — Dieu sait que j'ai connu des salles vides en vingt ans de théâtre ! — j'ai été remarquée par Henri Martineau (le fameux stendhalien), propriétaire de la librairie le Divan, proche de Saint-Germain-des-Prés. Le « vizir » ayant confié à Dussane qu'il me trouvait belle et douée, il semble que cette dernière ait alors révisé son opinion sur moi. Je note que vers la fin de sa carrière (la télévision m'ayant fait un nom), elle glissait mon nom en queue de son palmarès dans ses conférences.

Néanmoins, mes finances s'assainissant, je pus améliorer mon standing et changer de résidence en me rapprochant du quartier que j'aimais : j'avais découvert un lieu délicieusement cosmopolite rue de l'Université où je déposai ma valise.

Malgré les restrictions, on vivait gaiement, à l'hôtel Saint-Yves que dirigeaient trois associés : un Breton, Yves; un certain Tech, allemand. Le troisième, américain, baillait les fonds.

Yves, le vrai patron (ou plutôt la « patronne »), personnage haut en couleur, sorte de grande folle avant la lettre, m'avait prise sous sa protection.

Je rêvais de tohu-bohu et de bigarré, et j'ai adoré cet endroit merveilleux où circulait une faune extraordinaire dont Maurice Sachs, dans son roman, rend scrupuleusement l'atmosphère. J'y ai connu de grands peintres, toutes sortes d'artistes. Fautrier, Soutine m'y avaient précédée. La crème et la lie de Paris défilaient sur ce perron. Vraies gloires et mégalos. Collabos, Gestapo, résistants se mêlant à une population souvent assez peu convenable d'alcooliques et de morphinomanes.

Je trouve comique que l'après-68 s'attribue l'apparition de la drogue en France. Possible que le phénomène ait alors pris de l'ampleur. A ma connaissance, on s'est sûrement piqué un peu à toutes les époques.

J'occupais, en ce qui me concerne, une chambre au troisième étage. Vendu, l'immeuble est maintenant transformé en appartements. Mais je repère encore à l'occasion ma fenêtre au-dessus de la lanterne.

J'étais très populaire parce que, sans le vouloir, j'avais séduit un gros Suisse hideux, bonhomme ignoble, que je chassais mais qui me revenait régulièrement les bras chargés de victuailles dans l'espoir de m'amadouer. Dénuement oblige, je stockais soigneusement ses colis dans ma salle de bains (mon garde-manger) pour en faire profiter mes copains.

Ont également partagé mon palier, un temps, Signoret et Yves Allégret, à qui je passais des paquets de thé.

Au rez-de-chaussée, s'ouvrait dans le hall, à côté d'un superbe escalier, un restaurant de marché noir.

Le soir, à huit heures, tout Paris arrivait. On fermait les portes. Et la fête commençait.

Yves, le roi du travesti, nous offrait des spectacles impromptus, s'exhibant, déguisé en Agrippine, en chanteuse réaliste ou en Arlésienne.

Il est probable que ses tragi-comédies, à la fois pathétiques et sublimes, ont confirmé mon goût du burlesque. Incapable cependant d'encourager un amateur, je restais en retrait... Nous assurions la relève du *Bœuf sur le toit,* et je gardais pratiquement mes pantoufles pour participer à ces soirées uniques dans la capitale.

Je sais ce que beaucoup de Français ont souffert durant cette période. Sans cynisme, parce que c'est la vérité, je dois reconnaître que, pour ma part, j'ai vécu alors des instants formidables.

J'avais vingt ans. Rassurée sur le sort de mes parents que je savais vivants, mais totalement coupée d'eux, car même le courrier passait difficilement, je respirais enfin à mon rythme. Jamais je n'ai profité d'instants plus précieux, plus tranquilles.

Misérable cachetoneuse, je ne roulais pas sur l'or. Je gagnais suffisamment d'argent pour ne plus redouter, comme auparavant, qu'on me confisque ma clé.

En outre, je venais de rencontrer le Prince charmant, en la personne de Guillaume Hanoteau.

Ignorant que nos existences se souderaient pour vingt-cinq ans, j'avais tout de suite remarqué ce jeune et brillant avocat du Barreau de Paris, qui fréquentait assidûment, comme moi, le salon d'une de ses consœurs, Lucienne Scheid.

Cette jeune femme, condamnée en tant que Juive à porter l'étoile jaune et qui ne pouvait sortir le soir, recevait chez elle. La table était bonne. Je retrouvais là d'autres actrices. Maria Casarès, tout auréolée de son récent succès au Conservatoire, tenait le centre des conversations, tandis que je ruminais ma déception d'avoir échoué. Lucienne invitait ses confrères du Palais, toutes sortes de personnalités. C'est chez elle que j'ai connu René de Sariac qui fut le témoin de mon mariage (puis celui de mon divorce !).

Se joignait à nous également une prénommée Paule, vieille fille, méchante, à la fois dinde et petite-bourgeoise, qui me détestait.

Parce qu'elle m'agaçait — elle énervait tout le monde — je décide un jour, avec l'accord du groupe, de lui monter un bateau, histoire de nous distraire !

Et de lui raconter, profitant de l'absence d'Hanoteau, sans me soucier qu'il fût marié et père de famille, que ce dernier s'était entiché de moi. Fou, enragé, prêt pour me séduire à toutes les extravagances. Il me couvrait de gerbes de fleurs, m'adressait vingt télégrammes par jour... Bref, au désespoir, je ne savais moi-même éteindre un tel brasier. La rigolade !

Pouvoir inespéré du verbe !

Cette langue de vipère répand mon récit dès le

lendemain. Le héros, naturellement, finit par en entendre parler. Bien que j'aie tout inventé, ça fait tilt dans sa tête. Il jette son cœur à mes pieds et me déclare sa flamme...

Involontairement, j'avais réuni nos deux subconscients. Est-ce mon côté médium ? Je me suis offert un rêve, un rire. Et tout ce bla-bla surgi de ma cervelle brusquement se concrétise.

Hanoteau me fascine par son intelligence, sa présence. Il idéalise à mes yeux la grande bourgeoisie française, ce milieu dont j'ai rêvé toute mon enfance, par-delà les grilles.

Pour moi, la vagabonde, il symbolise les racines.

Il a tout pour me plaire : dix ans de plus que moi, donc un âge assorti. Un physique. Un nom. De la fortune. Sinon milliardaire, du moins cossu.

Comment hésiterais-je ? Ce sésame va m'ouvrir les portes. Vivre avec Hanoteau est le contraire d'une mésalliance, une promotion sociale.

J'ai le chic, le chèque et le choc, la vie est fantastique. A nous, Paris !

Très vite la réalité dépasse la fiction.

Hanoteau va tout lâcher — femme, enfants, métier — pour grimper dans ma roulotte.

Car contrairement à mes attentes, il ne va pas m'initier aux joies parisiennes, mais me rejoindre dans ce monde du théâtre qui le captive, moitié par jeu, moitié par penchant réel pour le cabotinage.

Il a connu Lucien Arnaud — un acteur de Dullin — et gardé dans l'idée, sinon de jouer, d'écrire pour la scène. Projet encore flou puisqu'il n'a pas changé de métier, mais l'avocat est-il si loin de l'acteur ?

Moi, je déambule sur les sommets du bonheur. Je m'estime comblée, ainsi adulée par un homme jeune, beau, distingué, intelligent et riche (du moins en apparence).

Il est constamment auprès de moi. Toujours passionné, il fait mon siège. Il a ce côté jusqu'au-boutiste que j'ai toujours apprécié chez les êtres.

Pour moi, il n'y a pas d'amour. Il n'y a que des preuves d'amour. Enfant, je testais mes petits camarades : « Si tu m'aimes, prouve-le ! Saute de ce mur ! » Et le gosse se laissait tomber d'un mètre cinquante. Si par chance il s'égratignait, je goûtais un bonheur parfait.

Alors, du jour où Hanoteau plaque pour moi ses responsabilités de père et d'époux, je ne peux le considérer que comme un être exceptionnel.

Sa femme, ayant fui les bombardements, est censée se reposer paisiblement dans la Nièvre.

Et puis quelle fierté de dévoyer un grand bourgeois ! Je ne prise guère cette catégorie. Un bourgeois défroqué, cependant, quelle aubaine !

Hanoteau m'apparaît comme un héros de roman. D'ailleurs notre histoire relève de la littérature. Et tout le monde en parle. Ce qui me rend folle de joie. Qu'importe, désormais, que je me sois étalée au Conservatoire tandis que Maria jouit d'un prix superbe, sublime (j'allais écrire exorbitant), bien mérité, d'ailleurs ! Cette corbeille d'amour que m'offre Hanoteau compense en quelque sorte mon échec récent.

La guerre se poursuit. Moi, je plane. Hanoteau passe ses journées à me tenir la main dans les bistrots, au Balzar, chez Lipp ou au Flore. Il m'aime l'après-midi au lieu d'aller plaider. Nous vivons le quotidien dans la fantaisie, et je trouve cela charmant.

J'ai pourtant des réticences. Surtout au début.

Pour son bien, je m'insurge : « Tu ne peux quand même pas renier ta classe. » Moi la nomade, la bohémienne, je trouve rassurants cette belle situation, le superbe appartement. Il fait partie de l'équipe de Maurice Garçon, et s'est distingué en tant que second secrétaire à la Conférence, au Palais.

Face à ces acquis, je n'ai à donner que ma gueule, mes cheveux noirs, ma jeunesse et ma vision juvénile du monde.

Déjà, mon univers bascule. Après une enfance de bric et de broc et une adolescence qui s'est nourrie de sandwiches, je me réveille un beau matin transformée en cocotte. Hanoteau me pare d'atours et m'habille dans les grandes maisons — Schiaparelli, etc. Nous circulons en fiacre...

Femme génialement entretenue, je ne me sens pas protégée pour autant. Hanoteau a déjà le goût des dettes. Il garde des ardoises dans les restaurants que je vois grossir de jour en jour avec une certaine inquiétude. Généreux, aimant les agapes, il tient table ouverte. Nos notes de bar aussi sont salées. Nous traînons toujours derrière nous une clique. A inviter ainsi au marché noir, les amis ne nous manquent pas. Nous avançons, entourés de parasites, dans une espèce de folie.

Quand je m'inquiète de sa femme — non par souci de respectabilité, je n'ai jamais éprouvé la moindre envie de me marier, mais par simple bon sens — en principe les épouses finissent toujours par surgir, tôt ou tard — il me répond :

— Rien à craindre. Elle est exquise.

Sans vraiment me rassurer. Je juge quand même bizarre cette épouse qui ne se manifeste jamais, d'autant que je la sais jeune et très jolie pour l'avoir rencontrée, un soir, chez Lucienne.

Régulièrement, je relance le sujet, me piquant, le nez en l'air :

— Mais au Palais...

(Tous ses confrères me connaissent.)

— Je t'assure, elle ne se doute de rien.

A l'en croire, tout va pour le mieux dans le meilleur des mondes. Mes objections glissent sur Hanoteau comme l'eau sur les plumes d'un canard.

— Elle ne peut quand même pas ignorer... Et tes enfants...

Ces derniers ont à l'époque dans les trois, quatre ans. Il n'a dû les revoir, pour autant que je sache, que quelque quarante ans plus tard. Je ne les ai pas connus.

Je continue à suspendre jambons et saucissons au-dessus de ma baignoire.

Nous sommes les privilégiés d'un haut lieu du plaisir dans ce Paris sinistre. Seules les alertes, les sirènes nous rappellent de temps à autre à la réalité.

Genet passe souvent boire un verre en fin d'après-midi. Jusqu'au jour où un nommé Déroulède, amené par Hanoteau, commet l'impair de lui demander de nous lire un de ses poèmes.

Ecarlate, furibard, Genet lance une bordée d'injures :

— Espèce de... ! Avec un nom pareil, tu crois que je vais me poser le coude sur la cheminée pour dégoiser...

Je pousse Genet dehors pour arrêter le flot.

Aujourd'hui je le regrette. Il m'a assimilée à cet imbécile et n'est jamais revenu. J'aurais dû chasser l'autre. Il ne faut pas mélanger les bourgeois avec les artistes, les Déroulède avec les Genet.

J'ai aussi pour vieux copain un dénommé Ron-Ron, avec qui je joue gentiment au chat et à la souris. Sur qui j'exerce occasionnellement un pouvoir sadique lorsqu'il se montre trop geignard, en lui interdisant ma porte. Il ne se laisse pas intimider pour autant, et je le revois bientôt.

Les gens les plus bizarres se croisent dans notre cercle. Ainsi un certain comte de Villepinte (avec un nom à tiroirs, dont j'ai oublié la suite), personnage solitaire, vêtu de noir, aux allures de corbeau qui se prétend chef de Cabinet de Laval. « Le Président m'a dit que... » ; « Je dois accompagner le Président à Vichy... »

Il nous faut attendre la Libération pour apprendre que ce fou n'a jamais rencontré Laval. Une fois incarcéré, il refuse qu'on le libère, s'étant épris de son coéquipier de cellule.

Je connais bien les mythomanes. Plus : je les attire. J'en ai toujours dans mon entourage, ce qui malgré l'habitude me dérange un peu. Cependant j'ai remarqué qu'il y a toujours du vrai dans leurs inventions, un aspect dont ils pourraient se vanter et qu'ils ne songent pas à mettre en valeur. Notre « corbeau », pour sa part, était l'auteur d'un important traité de mathématiques. Il ne l'a jamais mentionné.

Prise dans ce tourbillon, je ne savais pas que je mangeais alors mon pain blanc. Le seul reproche que j'aurais pu faire à Hanoteau concernait la boisson. Quand je le voyais se lever au milieu d'une soirée et se diriger vers le standard d'où il téléphonerait, durant des heures, tous azimuts, je savais qu'il était saoul.

Ces facéties à vrai dire m'amusaient, tout en

m'angoissant. Je lui trouvais, pour compenser, bien d'autres qualités.

Ainsi il a décroché du Palais, en majorité pétainiste, après avoir vu condamner à mort des communistes pour faits de résistance. Accablé au soir de l'exécution, il n'a eu de cesse ensuite de couper les ponts.

Lui-même a fait partie de la Résistance, comme je l'ai compris par hasard.

Un jour, en ouvrant par mégarde son armoire (je devais chercher quelque chose, car je n'ai jamais eu le goût de faire les poches ni de farfouiller dans les placards) j'étais tombée sur des caisses que j'ai d'abord crues pleines de livres. J'en ai ouvert une et trouvé des armes.

La vue d'un revolver me révulse. Je suis convaincue qu'il suffit de souffler dessus pour que le coup parte. Hanoteau, me surprenant épouvantée, m'a ri au nez et expliqué en deux mots ses activités.

Nos évidentes bombances à l'hôtel Saint-Yves constituaient la couverture idéale lui permettant d'assurer la liaison avec des parachutés de Londres.

Il était très lié avec Emile Lafon (suprêmement intelligent, beaucoup de charme) qui s'est vu confier par la suite, en remerciement de ses services, le poste de directeur des Houillères de France.

Hanoteau a participé activement à la libération de Paris, siégeant avec Vilar, le communiste, à l'Hôtel de Ville, d'où il m'appelait pour que je puisse suivre la progression de nos sauveurs.

Quelle gloire pour moi quand je l'apercevais de ma fenêtre, sortant tout fringant d'une Citroën au toit cocardé d'un drapeau tricolore tenu par quatre ficelles !

Le seul avantage qu'il en ait retiré, c'est qu'on ne

lui a jamais présenté sa note au Saint-Yves. Les patrons, qui ne se sentaient pas bleus-blancs, ont dû la déchirer. Monsieur Hanoteau par-ci, monsieur Hanoteau par-là pouvait faire tomber les têtes. On était aux petits soins. Et moi on me traitait, dans ce bouge, comme la femme d'un grand chef d'Etat.

Autre anecdote, moins drôle. Il m'a apporté une liste un jour.

— Ceux qu'on va décapiter.

La feuille à la main, je suis restée pétrifiée. Un nom a attiré mon attention : Robert Brasillach.

Hanoteau rayonnait.

— Normal. Il s'agit de traîtres à la Nation.

Il brandissait ce papier qu'il considérait comme son bien d'un air à la fois grave et théâtral, sorte de comédie du sérieux.

J'ai tenté d'argumenter, lui rappelant combien il avait été scandalisé lui-même quand on avait condamné des hommes à mort. Il m'a répondu que la différence voulait que ces derniers fussent innocents.

Une espèce de confusion régnait dans ma tête. Je ne peux m'empêcher de remarquer, avec le recul, que dans l'ordre du politique, tout est relatif : ce qui est condamnable aujourd'hui le devient différemment à quelques années d'écart. Brasillach aurait peut-être sauvé sa tête s'il s'était enfui.

Je ne l'ai rencontré qu'une fois. Je récitais des poèmes de Sapho traduits par lui au Lutétia, lieu dont j'ignorais qu'il fût peuplé de collaborateurs. Dans une salle derrière la librairie se tenaient des réunions littéraires, rares échappées pour nous, à l'époque, vers le spirituel. Je conserve du poète le souvenir d'un homme charmant et de grand talent.

Naturellement, ces prises de position ont encore

contribué à brouiller Hanoteau avec le Palais, conservateur, comme tout corps constitué.

Et si je l'admirais pour son courage, je m'effrayais de l'avenir. Où tout cela allait-il nous mener ?

L'euphorie n'a pas duré. Après deux ans de gaieté, d'exubérance, le conte de fées s'est mal, et vite, terminé. Le rideau s'est levé sur la farce.

3

Nous menions grand train. Hanoteau, qui avait le goût du faste, réglait même certaines dépenses avec des louis d'or. Je le prenais pour un prince, un nabab. Pouvais-je deviner que nous dilapidions allègrement à deux l'héritage reçu de son père ?

En outre, j'appris plus tard que, détenant la clé du coffre-fort de sa mère, il allait tout simplement s'y servir...

Pour moi, concrètement, le paysage a changé du jour où Hanoteau a voulu me convaincre de m'installer chez lui.

— Ecoute, il est ridicule que tu restes dans cette chambre quand je dispose d'un si bel espace.

J'ai d'abord résisté.

L'idée d'habiter rue de Verneuil, de m'établir bourgeoisement, ne me tentait guère.

Je savais intuitivement que ce nouveau mode de

vie ne conviendrait pas à mon tempérament d'amazone. Contrairement à ce qu'on imagine, il faut une habitude d'un tel train. On n'acquiert pas l'aisance si facilement. Et supporter un homme à temps plein !

Je freinais des quatre fers. Je n'ai pu cependant refuser de me rendre au moins sur place pour visiter.

Là, j'ai tout de suite compris que ça n'allait pas coller.

A peine avais-je pénétré dans ce bel immeuble XVIIIe siècle que je me suis sentie étrangère.

L'appartement lui-même était superbe, immense, décoré et meublé avec goût.

Mais ce n'était pas mon eau. Je le jugeais sans âme. De fait, Hanoteau ne l'habitait plus. Tout, les proportions, la hauteur des plafonds m'impressionnaient et me dépaysaient.

J'ai cette sensibilité des choses et des lieux. De même lorsque le rideau se lève sur une salle, je pressens ce qui va se passer. Question de métier.

Avec la certitude de signer mon arrêt de mort si j'acceptais d'emménager, j'ai alors soulevé toutes sortes de prétextes.

Hanoteau les démontait un à un. Et surtout, engluée dans les rets d'une ardeur que je ne pouvais contrôler, j'ai dû capituler.

Toujours ce vieux thème : on m'aime passionnément, donc j'aime à mon tour. Je suis devenue plus méfiante.

Pour m'arracher mon consentement, Hanoteau a pesé de tout son poids dans la balance, renonçant à ce qui, jusque-là, avait construit son existence.

A regret, j'ai donc investi le domicile conjugal... Et le piège s'est refermé.

Comme je le subodorais, je me suis retrouvée dépaysée, anachronique.

Dieu merci, Jenny, la petite femme qui s'occupait de mon ménage à l'hôtel, a accepté de me suivre.

Mais je n'avais pas l'aptitude d'Hanoteau à saisir l'immédiateté du plaisir. Lui ne voyait que le bonheur, la jouissance du moment. J'ai tout de suite été malheureuse, visualisant mon avenir, consciente des drames qui ne manqueraient pas de se produire.

Les premières vraies difficultés n'ont d'ailleurs pas tardé.

Ça a commencé par des bizarreries.

Hanoteau, par exemple, insistait pour se charger de nos courses, ce qui me semblait évidemment un peu curieux.

— Envoie donc Jenny !

Il préférait faire le marché lui-même dont il revenait avec de gros paniers.

Après tout, chacun ses goûts. Nous ne manquions de rien.

J'ai bien remarqué, un jour, que les rayons de sa bibliothèque, dans laquelle je n'entrais qu'occasionnellement, étaient particulièrement dégarnis.

— J'ai porté mes livres à relier, m'a-t-il expliqué.

Devais-je m'en méfier ? Il continuait à donner des consultations. J'apercevais des clients dans le salon d'attente.

Des bibelots disparaissaient. Mais je suis si peu concernée par le fait de posséder que je me demande si je ne l'ai pas noté plus tard.

J'ai quand même formulé une remarque en constatant le départ dans le grand salon d'une pièce de toute beauté, une sorte de crèche, en verre de Venise.

— Je l'ai expédiée à Decize. Ma femme me la réclamait.

Il avait réponse à tout.

Quand je m'inquiétais de le voir délaisser les couloirs du Palais, il arguait que son travail était fait.

Me rappelant que mon père hantait les cercles de jeu au lieu de vaquer à ses affaires, je restais perplexe.

Mais pour que mes yeux se dessillent, il a fallu que je tombe, un après-midi, en rentrant à la maison, sur un écriteau affichant au rez-de-chaussée de l'immeuble : « Liquidation judiciaire. Deuxième étage. Monsieur Hanoteau ».

Début de la dégringolade.

Les huissiers, les scellés, la vente... J'ai revécu avec horreur toute la tragédie de mon enfance. L'épouse légitime, censée ignorer, mais plus qu'informée, exigeait le divorce. Débat inintéressant : je n'ai rien su moi-même des tractations, n'en subissant que les effets.

Hanoteau, insouciant, se fournissait des excuses, pestant contre les hommes de loi.

— Tu sais, je les connais bien. Tous des salauds ! Quant au Barreau, je n'en ai rien à f... !

Il venait d'être radié pour avoir refusé de plaider une affaire. Maurice Garçon, son ami, son maître, porta le coup de grâce au « renégat » en assurant la défense de sa femme.

Hanoteau avait trahi sa classe. Il a toujours prétendu avoir quitté pour moi son milieu. A la vérité, j'ai plus été le prétexte que la raison profonde de cette rupture. Il rêvait depuis l'enfance d'appartenir au monde qui était le mien. Je l'ai vu se détacher progressivement alors qu'il promettait d'être l'un des avocats les plus brillants de sa génération, écœuré par ses pairs. Et s'il est certain qu'un homme comme lui ne pouvait se partager entre deux passions — celle qu'il éprouvait pour moi devait le couper d'un univers dans lequel je ne m'intégrais pas — le théâtre s'avérait malgré tout l'axe de notre rencontre.

Il ne s'en cachait d'ailleurs pas. Il n'avait dévié de cette ligne qu'en se mariant, une première fois, selon les normes bourgeoises. Par mon biais, en quelque sorte, il redressait la barre.

Je respectais cette authenticité. Lui n'a pas triché. Simplement je me leurrais. Mon environnement le bouleversait, et je croyais que c'était moi.

Quel être humain résiste à la passion ? J'expérimentais l'amour fou. Comme un leitmotiv, toutes les cinq minutes, Hanoteau me répétait :

— Tu m'aimes ?

C'en était même agaçant. Hystérique. Au point que nos copains m'abordaient en demandant également :

— Tu m'aimes ?

Faire la distinction ? J'ai pris le lot.

Une table partait, ou un fauteuil. Pendant des années, pour parer au plus pressé, j'ai emprunté de l'argent à Jenny, ma bonne, ou à Boubal, le patron du Flore, qui laissait une espèce de caisse à ma disposition, sachant que je rendrais, dûssé-je emprunter ailleurs. Ma soupape de sécurité.

Pouvais-je me tirer de ce guêpier ?

Ayant pris tous les torts à son compte, Hanoteau me mettait devant le fait accompli. Incapable et d'avancer et de reculer, je me retrouvais embourbée dans le système.

Par dérision, je dis parfois à mes copains d'aujourd'hui une phrase qui les ravit, mais qu'ils ne peuvent comprendre :

— Ah, je cherche un homme qui ferait de moi une loque !

Effectivement, à l'époque, j'en étais une. Par moments, je ne savais plus où donner de la tête. Peut-être qu'avec une enfance différente j'aurais jugé cela rigolo. Car nous avons eu des moments comiques, voire grandioses. Mais comment subir sereinement la répétition de ces drames ?

Embarquée, sans le vouloir, dans un train en pleine vitesse, je ne pouvais que m'emparer des commandes pour tenter d'assurer le contrôle de la machine. En tant que responsable de la catastrophe, ne devais-je pas réagir et du moins réparer ?

Je voulais qu'Hanoteau me protège, et j'ai eu sur les bras cet enfant inconscient.

Je me sentais en possession d'une espèce d'étoffe qui s'effilochait de partout. Face à tous ces trous, je ne savais où repriser. Tonneau des Danaïdes, au centre duquel Hanoteau régnait dans le plaisir, attentif seulement au somptueux avenir qui s'ouvrait devant lui.

Il est resté sans travailler durant toute une période.

Un soir, je tombe par hasard sur une copine, Lina Casadesus, qui — en 1947, je crois — m'avait présenté Lehman, le directeur du Châtelet dont elle était la maîtresse. Ce dernier m'avait engagée pour jouer la Camerata dans *l'Aiglon*. Je n'avais pas oublié ce service rendu.

Comme Lina m'apprend que son amant la plaque, je lui propose :

— Nous avons un appartement immense. Tu vas

loger chez nous, le temps de trouver autre chose... (Elle était très belle) et te recycler !

Installée pour quelques semaines, elle est restée trois ans...

D'Allemagne, où je jouais, j'appelle Paris pour prendre des nouvelles.

— Formidable ! m'assure Hanoteau. D'ailleurs Lina a fait une rencontre extraordinaire. Je te réserve la surprise.

Assurément : je rentre, et découvre les baignoires — nous avions deux salles de bains — chargées jusqu'à la gueule de bouteilles de champagne.

Hanoteau exulte. Pierre Brasseur — c'est lui, la surprise, et il adore boire — amoureux de Lina, habite désormais avec nous.

Sans protester, je cède notre chambre pour occuper le boudoir. Mais je redoute la suite. A juste titre.

Cette comédie a duré des mois. Quelle rigolade dans ce grand appartement vidé de ses meubles ! On organisait des fêtes pour le succès de Brasseur dans *les Portes de la Nuit.* Le couple gagnait beaucoup d'argent. Certes il participait financièrement — surtout en matière de boisson. Mais Hanoteau se refusait à travailler. Et malgré mes tournées, je parvenais difficilement à joindre les deux bouts. Nous devenions les parents pauvres. Mon orgueil en souffrait.

Surtout, constamment, je redoutais ces soirées qui s'éternisaient dans l'alcool, au cours desquelles me revenait le rôle de l'infirmière — celle qui tient la seringue mais ne se pique pas — face à ces ivrognes au naturel si intelligents, si charmants, mais qui se montraient si bêtes et si vulgaires quand ils avaient bu. En un mot, assommants.

Surveillante malgré moi des mœurs de mon

temps, j'avais aussi charge d'âmes. J'ai bien essayé de les protéger d'eux-mêmes, Hanoteau principalement. Mais je n'avais aucune influence. Enraie-t-on le cours de l'Histoire ?

On ne peut rien pour autrui, si ce n'est tendre la main pour aider à franchir un gué. Cette réalité me désole parfois. Chacun, maître de sa vie, est libre d'en décider.

Au bout de deux ans de ce cirque, Lina et Pierre s'incrustant, j'ai fini par comprendre qu'ils espéraient que nous leur laisserions la place. Soyez dans la détresse, les mauvais ou les faux amis se manifestent.

De justesse, j'ai réussi à limiter les dégâts : ils sont partis. Violemment, d'ailleurs, en claquant la porte.

La situation ne s'améliora pas pour autant. Le malheur, comme le bonheur, tombe toujours en cascade.

Peu après, notre propriétaire vendit son immeuble à la comtesse de Ganay. Cette dernière, afin de récupérer l'appartement dont nul n'ignorait l'état de délabrement lié à celui de nos finances, nous offrit alors un échange. Plutôt que le dédommagement usuel pour nous mettre à la porte, elle nous proposa la série de chambres de bonne du dernier étage, ainsi qu'un petit appartement sur le palier inférieur.

Séduits par l'arrangement, nous avons accepté. J'ai alors convaincu Hanoteau de s'installer dans la pièce du bas, où il pourrait écrire, tandis que je m'aménageais celles du haut en les reliant entre elles.

La combinaison a fonctionné — peu de temps. Curieusement, au lieu de me plaindre pour ce changement, on m'enviait mes nouveaux locaux.

Incapable d'organiser sa vie seul, Hanoteau n'a pas tardé à m'y rejoindre.

Enfin ! Il entre à *Match* où il perçoit pour commencer — c'est mieux que rien — une mensualité ridicule.

J'annonce la grande nouvelle à Yvan Audouard que je vois au Flore ce soir-là. Il me réplique :

— Tu peux dire adieu à sa production.

Je n'ai jamais oublié cette phrase. Audouard avait raison.

Hanoteau passe bientôt grand reporter. Il est mieux payé. Respirer ? Je continue la course aux billets de mille. Pour une raison simple. On interroge bêtement : « Qu'est-ce que vous gagnez ? » Il faut préciser : « Et quels sont vos frais ? » Hanoteau dépensait aisément trois fois son salaire.

Habituée à cette gymnastique, je commençais à avoir des mollets suffisamment puissants pour faire la course, tout en m'essoufflant. Mais demander à Hanoteau de se montrer raisonnable, c'était demander l'impossible. Quant à exiger l'impossible, comme je l'ai fait à cette occasion, n'est-ce pas déraisonnable ?

Plaisante contradiction.

Il aurait pu faire une carrière. Il a glissé dans la facilité le luxe, les voyages. *Match* ne lésinait pas, envoyait ses reporters aux quatre coins du monde. Ces vacances perpétuelles, les safaris lui ont un peu tourné la tête.

Prouvost, son patron, ce grand magnat de la presse comme on m'assure à présent qu'il n'en existe plus, l'appréciait.

Hanoteau n'a jamais essayé de s'insérer dans le courant, de le flatter, comme d'autres confrères. Royal, il a su garder son indépendance, et pour cela je l'estimais. Sans se mêler à la cour, il livrait son boulot, produisant de temps à autre un article remarquable.

Ainsi son papier sur Faulkner. Ce dernier étant venu en France pour la parution de son livre sur Verdun, *Match* a demandé à Hanoteau de s'y rendre avec lui pour faire le reportage. L'interprète m'a raconté qu'ils n'avaient pas échangé une parole de tout le voyage. Chacun regardait de son côté par la vitre. Au retour, et d'un air méprisant, Hanoteau s'était seulement fait préciser son lieu de naissance.

Comme je l'avais invectivé, le traitant d'insensé, il m'avait triomphalement ramené, deux ou trois semaines plus tard, un article de *l'Observateur* selon lequel Faulkner aurait déclaré à des amis : « Hanoteau est un journaliste formidable. Il ne m'a pas posé la moindre question. »

Imaginatif et sensible, il se dispensait d'écouter les discours pour capter l'essentiel.

Mais ce n'est pas en restant reporter, si talentueux soit-on, qu'on peut progresser dans le journalisme.

Après la création de *Match International,* le *Life* français, quand j'ai vu qu'il ne se déciderait pas à grimper les échelons, je l'ai poussé à écrire.

Plus précisément, je l'ai eu à l'arraché. J'ai transformé le studio du bas en bureau, je lui ai pris une secrétaire. La malheureuse arrivait à trois heures, attendait juqu'à six. S'il se trouvait dans un bistro à bavasser avec des copains, il ne venait pas.

Le taximètre tournait.

Il passait en coup de vent, ou restait une demi-heure. Je guettais du coin de l'œil. La torture !

Jusqu'au jour où il a attaqué une pièce de théâtre, reconnaissant qu'au fond il était né pour ça.

Entre-temps, je l'avais épousé. Il était à mon

égard d'une jalousie forcenée. Le plus souvent nos sorties se terminaient par des disputes. L'alcool, naturellement, n'arrangeait pas les choses. « Un tel t'a regardée... Pourquoi as-tu souri à tel autre?... » Reproches à n'en plus finir.

Il craignait de me perdre. Il me voyait un peu affolée par ce qui m'arrivait, et devinait que si l'idée me prenait de me sauver, rien ne saurait me retenir.

Que pouvait m'apporter ce nouveau statut? Je voulais m'affirmer professionnellement, me distinguer, gagner ma propre identité. Personnellement, je ne voyais là aucun avantage, sauf celui d'acquérir la nationalité française.

Tant d'unions semblent le fruit d'une espèce de nonchaloir de la vie à deux. Cette tiédeur des couples me dépasse. Je ne conçois l'amour que dans la passion, même si parfois elle mène au désastre.

Cette application que j'avais mise à sauver Hanoteau, c'est-à-dire à l'obliger à produire, m'avait malgré tout attachée à lui. Chacun de mes sacrifices renforçait nos liens.

Un homme dit couramment d'une femme : « Je ne peux pas la quitter. Elle m'a coûté trop cher. » Il y a du vrai dans cette formule. Je savais que j'aurais mieux fait de partir, que notre union ne serait pas viable, et pourtant j'ai accepté ce mariage. Hanoteau m'avait coûté trop d'efforts.

Après tant d'années de vie commune, nous pouvions nous épargner les fla-flas. La cérémonie a été bâclée en quelques minutes. Et dans le quotidien rien n'a changé pour moi, si ce n'est que ma chère et fidèle Jenny est sortie de ma vie sans préavis.

Détestant Hanoteau, elle avait coutume de me suivre jusqu'à la salle de bains, dévidant sa litanie : « Ah, mademoiselle Sapritch, une belle fille comme vous avec ce vaurien... Il ne vous fera que du mal. » Ce à quoi je répondais, rituellement : « On verra bien. » Lui, avec sa jalousie morbide, la prétendait amoureuse de moi.

Je m'étais soigneusement gardée de lui faire part de l'événement. Sans doute quelque amie bien intentionnée est-elle intervenue : le soir même, en rentrant, je trouvai sa clé en évidence sur la table de la cuisine. Elle ne m'a même pas réclamé l'argent que je lui devais.

Comme elle habitait le quartier, je l'ai croisée un jour dans la rue. Butée, elle m'a déclaré : « Je n'ai pas à servir cet homme. »

Bien sûr, pour les poussières, je l'ai remplacée. Mais, sur le plan personnel, son départ a marqué l'un des derniers paliers avant la chute verticale.

Non que l'existence fût terne, avec Hanoteau.

Homme de spectacle, il se régalait de dîners agités, et se livrait lui-même à des tours pendables pour amuser la galerie. A chaque invitation, je me demandais : « Que va-t-il encore inventer aujourd'hui ? »

Ce côté hors série m'intéressait beaucoup.

Par inadvertance, ou par nonchalance car il n'était pas homme à s'encombrer de valises, il a même failli tuer Colette à Monte-Carlo. Son photographe lui avait confié dans une côte le fauteuil roulant de l'infirme, le temps de fixer l'écrivain sur la pellicule. Distrait au bout d'un moment, il a lâché la barre, et la voiture a dévalé la pente...

Un été que nous séjournions dans un moulin près de Châteauroux, avec des copains — Charon, Hirsch, Le Poulain... je me suis fait insulter car, ne supportant plus nos hôtes, je souhaitais rentrer à Paris. Le mari avait une maîtresse, la femme un amant. L'un se piquait, l'autre buvait. On entendait des cris toutes les nuits. Chacun déversait sur moi ses problèmes. Seul refuge : les toilettes donnant sur la rivière où je m'enfermais avec de la lecture. On réinventait *la Règle du Jeu* de Renoir...

Hanoteau se grisait de cette ambiance. Il s'est dressé sur son lit lorsqu'il m'a vue me diriger vers la porte avec ma valise.

— Enfin, que te manque-t-il ? Voici une maison merveilleuse, des amis fantastiques, une table sublime... Et des drames... !

Oui, les drames et l'amusement constituaient pour Hanoteau le comble du bonheur, le summum. Il voulait en outre une femme excentrique. Avec moi il était servi.

Je ne pouvais hélas, pour ma part, après avoir traversé tant de mers et tant de déserts, me contenter de m'établir et faire bombance. A moins que, l'héritage de son père n'eût-il été si court...

Comme on s'en doute, j'avais toujours, en parallèle, le but de dégotter des rôles, et certaines ambitions. Aussi vais-je ouvrir un nouveau chapitre, pour moi capital, dans lequel j'évoquerai mes débuts.

4

« Ma femme », expliquait Hanoteau dans les dîners, l'air mi-figue, mi-raisin, « est une emmerdeuse. Elle se plaint. Elle a tout. Que veut-elle de plus ? »

Tout : un petit appartement sur le palier d'un cinquième étage. Modeste. En tout cas pas luxueux. Une bonne. Et table ouverte pour des flopées de journalistes qui venaient se goberger chez moi et m'assommer d'anecdotes d'un goût souvent douteux sur les vedettes, m'assenant le détail des contrats ou l'épopée de leurs reportages.

En moins d'une heure, ils me lassaient. De toute manière, le dîner, comme toujours, se terminerait dans la saoulographie.

Hanoteau adorait ce mode de vie, et pour son confort personnel se montrait d'une incompréhension totale à l'égard de mes désirs d'ordre professionnel.

Un jour, il m'a lancé : « Juliette Achard est Madame Marcel Achard. La femme d'un écrivain. Si je réussis, tu deviendras Madame Guillaume Hanoteau. Situation bien agréable. »

Il y avait maldonne. Je n'aspirais pas à devenir Madame Une telle. Je voulais ma propre carte d'identité estampillée Alice Sapritch.

J'ai réellement souffert d'être ainsi posée en porte à faux.

De temps en temps, malgré tout, j'obtenais quelque satisfaction. (Je ne suis jamais restée sans jouer, même si la plupart du temps, dans les dîners snobs auxquels nous assistions, nul ne s'inquiétait de savoir où.)

Ainsi Cocteau qui m'aimait beaucoup et qui m'avait vue sur scène, décréta un soir chez Hervé Mille — lui recevait le monde entier — devant une impressionnante tablée de producteurs, qui ne me remarquaient pas, que j'avais du talent.

On ne me proposa pas d'engagement pour autant. Mais de ce jour, on me considéra tout de même différemment, ce qui atténuait ma tristesse de comédienne ratée. Un tel compliment dans la bouche du grand poète n'avait rien d'anodin. De là naquit une amitié.

Le véritable Cocteau, pour moi, n'était pas l'homme plein d'onction qui descendait de sa Rolls, mais ce poète aux yeux tristes que je laissais sur le trottoir de la rue Montpensier, et qui remontait dans sa chambre écrire des choses importantes et belles.

« Ne t'inquiète pas, me répétait-il à l'époque, tu vas réussir ».

J'ai fait une fois une apparition en gitane dans *le*

Testament d'Orphée. A cette occasion j'ai passé avec lui quinze jours de vacances merveilleuses aux Baux-de-Provence, sur les lieux du tournage. Quinze jours bénis à l'affût des remarques surprenantes de cet alchimiste des mots qui m'étonnait et me charmait.

A propos de ma prestation, un ami, qui suivait le tournage, fit un commentaire qui nous amusa beaucoup : « Tu vois, Jean, dit-il à Cocteau, tu as eu raison de confier ce rôle à une vraie bohémienne. Une actrice n'aurait jamais eu un tel naturel. »

Cocteau le détrompa. Sans que j'en retienne d'excessive fierté, l'incident me mit un peu de baume au cœur.

Naturellement, même à l'apogée de ma carrière, je suis toujours ravie qu'on me complimente. Mais à ceux qui m'ont encensée à une certaine époque — et Cocteau proclamait *urbi et orbi* que j'avais du talent — je garde un coin spécial de ma mémoire.

J'ai également joué avec Jean Yanne, dont j'eus la joie de faire la connaissance à cette occasion, sur un texte insolite et charmant qu'il avait écrit pour l'Alliance française. Les yeux bandés, toute de noir vêtue, je passais comme une folle au milieu des autres comédiens en hurlant : « La Chine aux Chinois ! La Chine aux Chinois ! » avant de ressortir, ce qui faisait hurler de rire le public.

Cocteau n'a pas été, malgré tout, jusqu'à m'aider à forcer la chance. J'ai passé une audition pour *l'Aigle à deux têtes,* dans laquelle je n'étais pas mauvaise, mais Edwige Feuillère, ce qui était son droit, m'a préféré Silvia Monfort, et il ne m'a pas imposée.

Quand je n'avais pas d'engagement à Paris, je partais en tournées. Bon an, mal an, j'ai toujours travaillé.

Un jour je trouve sur une banquette du Flore un jeune homme avec lequel je sympathise, Michel de Ré, petit-fils du général Gallieni. Hanoteau étant venu me rejoindre, je les présente.

Rencontre bénéfique. Michel de Ré, qui a une petite troupe, commande une pièce à Guillaume, *la Tour Eiffel qui tue*. Van Parys s'engage dans l'aventure et produit une musique délicieuse. On trouve un financier, de Coninck, un type très charmant. Et on s'installe dans un cabaret de Montmartre : *le Panier Fleuri*.

Chaque génération redécouvre la vie. Le café-théâtre n'est pas une invention récente.

Jean Marsan met au point les couplets. Nous avons, en outre, un plateau de jeunes talents — Pierre Tchernia, Annie Girardot, Martine Sarcey. Et Olaf, un acteur qui n'a pas tenu ses promesses, mais très populaire à l'époque.

On ne gagne pas des fortunes. Mais c'est le succès. Un soupir au milieu de mes difficultés.

Le spectacle est repris rive gauche, au théâtre du quartier Latin, avec une distribution tout aussi éclatante. S'y joue, parallèlement, une petite pièce de Pierre Devaux, *la Reine Mère*.

Public enthousiaste. Certains spectateurs reviennent même plusieurs fois dans le mois.

Nous avons bien entendu nos détracteurs. Certains critiques nous attaquent violemment. Au nombre des plus acharnés : Jean-Jacques Gautier, trop conventionnel pour aimer l'originalité indiscutable d'Hanoteau, qui préfère les pièces d'un autre style.

Gautier traite l'auteur de fou, de cinglé.

Il recommencera d'ailleurs avec Ionesco et Beckett, mais ces derniers, plus charpentés, plus entourés, abrités par une forteresse de gens qui les louent, résisteront mieux qu'Hanoteau à ces attaques qui le désespèrent.

La pièce n'en marche pas moins fort bien. On la reprend au théâtre du Vieux Colombier. Cette fois Jacques Lemarchand, autre critique de poids (lui du *Figaro littéraire,* spécialiste du new look, enfin qui comprend la nouveauté), fait un papier enthousiaste.

Triomphe. Peu après — toujours en glandouillant dans le quartier — je fais la connaissance d'un garçon qui à l'époque a une énorme cote : Niko Papadakis, le directeur de la Rose Rouge. Clientèle Neuilly-Passy. Et ce dernier — ça se décidait comme ça, sur des coups de tête — demande à Hanoteau une adaptation de *Fantomas,* d'après Desnos.

La troupe d'Yves Robert joue la pièce. Les gens se battent tous les soirs devant la porte.

J'aurais bien aimé participer. Rosy Varte règne en sultane sur son cabaret et défend soigneusement l'entrée du sérail. Ce qui se conçoit. Yves Robert, en amant prudent, se garde bien de m'engager.

Niko, Yves et sa clique gagnent très bien leur vie. Pour nous, les droits d'Hanoteau se divisant forfaitairement par trois, la misère est toujours la même.

Nous avions accepté la règle du jeu. A quoi bon se révolter ? Mieux armé, Hanoteau aurait pu exiger au moins un pourcentage. Je n'étais guère plus avertie. Main dans la main, nous restions encore d'une grande fragilité. J'ai appris par la suite à me défendre.

Fantomas, malgré tout, a apporté quelques petites commandes de films à Hanoteau, souvent mal payées, à vrai dire.

Les poches vides, nous circulons dans les cercles les plus huppés de la capitale. Un soir que Bromberger et sa femme nous ont invités à dîner chez Maxim's, Hanoteau se fait injurier par un clochard auquel, en descendant de la limousine du producteur, devant la Rose Rouge, il tend trois francs. Traîné dans la boue. Traité de radin.

L'autre n'a sans doute pas remarqué le vieux manteau tout rapiécé d'Hanoteau qui ne risque pas de sortir son portefeuille puisqu'il n'en a jamais eu. Il ne peut deviner qu'il vient de lui offrir nos dernières pièces.

L'absurde, avec Hanoteau, rôde en permanence au coin de la rue. Nous vivons dans une maison en façade qui n'a pas de profondeur.

Il me convoque ainsi un jour d'urgence dans un village du fin fond de la Bretagne où, réfugié chez des amis, il est supposé écrire. Je plaque tout à Paris, me précipite. A l'arrivée, Hanoteau me bouscule, m'entraîne en hâte visiter des yachts.

— Lequel préfères-tu, ma chérie ? Je t'ai fait venir pour que tu choisisses.

Muette. Je me laisse guider. Nous arpentons les ponts, visitons les cabines. Heureux, Hanoteau part pour le tour du monde, en pensée déplie des cartes, vise le bon cap. Enfin, il me regarde :

— Alors ?

Et je lance la réplique qu'il n'attendait pas :

— Douze millions le premier ? Dix-huit l'autre ? Ecoute, on n'achète pas un bateau tous les jours. Prenons le plus cher.

Bougonnant, il redescend sur terre. Et je repars, navrée d'avoir brisé son rêve.

Pourtant il se met sérieusement au travail, et termine une pièce charmante, *la Grande Roue*. Je lui trouve une productrice, Paule de Beaumont. Dany Robin et Georges Marchal en seront les vedettes.

Tout baigne dans l'huile. On part en tournée Karsenty pour tester le texte sur la province, avant de revenir jouer à Paris au théâtre Saint-Georges.

Et le drame s'amorce. Alors que j'ai une presse très convenable, un des comédiens me voue une haine mortelle. C'est l'ami du metteur en scène, Roland Piétri, qui l'a convaincu que, par ma faute, il n'a pu avoir le rôle principal.

Malheureusement nous jouons ensemble une longue scène d'une vingtaine de minutes. Et le médiocre (qu'importe son nom, il a abandonné la scène depuis longtemps pour se reconvertir dans l'antiquaille) s'ingénie à me compliquer la tâche, marchant exprès sur ma traîne... bref, tout ce qui s'improvise d'abominable. Aguerrie — je ne suis plus une débutante — je résiste vaillamment. Après chaque représentation, je tonne dans les coulisses. Roland Piétri verse de l'huile sur le feu. La situation devient vite infernale.

Hanoteau, resté à Paris, que j'informe régulièrement, est naturellement très ennuyé.

Tout cela m'énerve d'autant plus qu'étant la femme de l'auteur on me traite déjà *a priori* en paria.

Un beau matin, j'apprends que Mary Morgan, la directrice du théâtre Saint-Georges, va venir juger sur place. J'appelle aussitôt Hanoteau, folle de rage.

— Vraiment ! La goutte d'eau qui fait déborder le vase... Veux-tu me dire de quoi se mêle cette bourgeoise ? Cette p... a beau être la femme du maire de Deauville, de quel droit se permet-elle... ?

Toutes digues rompues, je vide mon ire. Hanoteau s'efforce de me calmer. Je raccroche. Et trois secondes plus tard, à travers la cloison, j'entends distinctement une voix policée demander dans la chambre voisine :

— Allô, ici Mary Morgan. Voulez-vous me passer Roland Piétri...

Comme on peut s'en douter, la pièce s'est poursuivie sans moi. J'ai quand même tenu à affronter moi-même ma nouvelle ennemie qui m'a convoquée.

— Vous pensez peut-être que je vais insister ? Pas du tout, madame. A Paris, vous pourrez me remplacer. Ce soir, je jouerai, naturellement. Peu m'importe que vous veniez ou non. Je ne retire rien de ce que j'ai dit.

Je ne suis pas du genre à faire dans la dentelle. Quand je gaffe, j'y vais à fond.

Avais-je envisagé toutes les conséquences de ma bravade ?

Racontée par Mary Morgan, l'histoire de mon départ de la troupe s'est répandue dans la capitale comme une traînée de poudre.

« La femme de l'auteur ! Fallait-il qu'elle soit mauvaise pour que la directrice du théâtre Saint-Georges fût obligée d'aller la congédier elle-même ! »

Hanoteau n'a même pas essayé d'intervenir. Il ne voulait pas compromettre l'avenir de sa pièce. Elle n'a pourtant connu qu'un succès moyen, pour ne pas dire médiocre (de mauvaises radiations ?), ne dépassant pas les cent représentations. Les producteurs n'ont pas soutenu.

Pour moi, j'en ai gardé une blessure terrible. Désolation des désolations. Et déshonneur. Totalement déprimée, je reste un certain temps sans pouvoir rien faire.

L'orgueil aidant, je remonte la pente. Je joue un peu à droite et à gauche. Du temps passe. J'explique à Hanoteau :

— Nous devons prendre une décision. Laisse-moi

me débrouiller de mon côté et me chercher des auteurs.

Il m'arrache des mains le manuscrit que j'étudiais, et le déchire.

— Pas question. Je vais t'écrire une autre pièce. Et cette fois personne ne pourra te remplacer puisque tu en seras la vedette.

Il m'aimait dans les rôles de cocotte, ce qui me déphasait un peu.

— Non. J'ai un personnage dramatique pour toi. Tu verras, merveilleux.

Il a loupé l'écrit. Je lui accorde l'oral de rattrapage, et je me laisse persuader. Finalement, il m'apporte *les Voyageurs égarés*.

De fait, le rôle est superbe.

Je me démène dans tous les sens. Je contacte Véra Korène, qui dirige alors le théâtre de la Renaissance. Elle parle de chef-d'œuvre.

— Je la monte immédiatement.

On se voit pour signer le contrat. Impressionnante, l'ex-sociétaire du Français qui accueille mon mari par un : « Vous êtes l'auteur que j'attendais. » Hanoteau s'épanouit. Moi je me méfie un peu. Je me fais préciser la distribution. J'ai Jacques Dumesnil pour partenaire. Tout paraît en ordre. Et je me détends.

Pour occuper le temps qui nous sépare du début des répétitions, je commence à travailler. Quelques jours plus tard, Véra Korène me fixe rendez-vous au Plaza. J'imagine des détails à régler, et m'habille un peu pour lui faire honneur.

Elle me reçoit dans son appartement, au milieu de ses guitares sur lesquelles elle s'essaie au flamenco. On nous sert du thé, et là, elle attaque :

— La pièce de votre mari est excellente. Vous savez que je tiens à en faire un triomphe.

— Oui.

— La première n'a pas très bien marché. Et vous n'ignorez pas combien il est dangereux de jouer un rôle quand on est la femme de l'auteur.

— Peut-être. Mais nous en étions convenues au départ. Je vous ai apporté ce texte moi-même, et je vous l'ai bien précisé. C'est alors qu'il fallait me dire : « Je le veux, mais sans vous. »

— Il y a un second problème, auquel vous ne pouvez rien : à la réflexion, il est essentiel que l'actrice principale ait les yeux bleus.

— Pardon ? L'auteur n'a rien spécifié.

— J'y tiens absolument.

J'ai balancé la brochure sur les coussins, et me suis levée. Je l'ai laissée avec son thé.

J'ai su par la suite que Mary Morgan lui avait téléphoné. A l'évidence, Piétri me poursuivait de sa haine.

Hanoteau, une nouvelle fois, a préféré faire l'autruche. Il n'a pas levé le petit doigt en ma faveur.

Je ne lui ai pas pardonné. A l'époque, j'avais de nombreux contacts. Nous aurions pu tenter notre chance ailleurs. Mais il craignait tellement de ne pas être joué !

Je l'ai supplié de retirer son texte des griffes de cette bonne femme. Elle l'avait complètement embobeliné. Il a refusé.

L'ambiance s'est mise à l'orage. Nous avions des scènes homériques, dignes d'Anouilh. Notre couple allait se disloquer dans la tempête.

Intérieurement, cependant, je restais calme, décidée à retenir la leçon.

Le divorce ? Je n'y songeais même pas, n'ayant jamais eu le sentiment d'être mariée.

En revanche, sur le plan professionnel, je ferais désormais cavalier seul.

« Ma fille, du côté d'Hanoteau, l'avenir est complètement bouché. Ne compte que sur toi, uniquement sur toi. Abandonne l'idée d'être l'épouse d'un auteur de talent. »

J'ai toujours su profiter d'un désastre. Question de tempérament. Dans tout échec il y a un succès, et dans tout succès un échec en préparation. Je ne me laisse jamais décourager par la fatalité.

Du jour où je décide de prendre ma vie complètement en charge, tout s'accélère.

En 1959 m'arrive d'Alger, qui est encore territoire français, un télégramme :

« Voulez-vous jouer Madame Frola dans *Chacun sa Vérité* ? »

Signé : Erval (alors directeur de la Télévision d'Alger).

Un de mes amis, Max de Rieux, qui se trouvait dans son bureau lui avait conseillé de s'adresser à moi (Françoise Rosay ayant un engagement) pour remplacer Berthe Bovy tombée malade.

— Contactez Alice Sapritch. C'est une actrice qui n'est pas du tout connue. Elle est trop jeune pour le rôle, mais elle le fera très bien.

J'ignore encore tout de la télévision, mais je m'embarque. Jean Davy, mon partenaire, qui se trouve en face d'une jeune femme choisie pour interpréter le personnage d'une vieille, est merveilleux de gentillesse.

On travaille en direct. Est-ce l'inconscience qui, pour une fois, rapporte ? Je fais littéralement un « boum ». La presse locale m'encense.

Mon ami André Franck, critique du *Populaire,* qui me suit depuis mes débuts et qui est directeur des programmes de la télévision française, se procure le kinescope de l'émission et le montre à son patron Albert Ollivier. Ce dernier me convoque dans son bureau :

— Mademoiselle, que voulez-vous interpréter chez nous ?

La porte s'ouvre.

Je n'allais naturellement pas répondre : « Madame est servie ». J'ai choisi *le Lien* de Strindberg, avec Lessertisseur pour metteur en scène, et le merveilleux Caussimon comme partenaire.

La pièce est admirable, le succès énorme.

André Brincourt, le très écouté critique du *Figaro,* et Jacques Siclier du *Monde* me couvrent d'éloges. D'autres leur emboîtent le pas.

J'ai gagné ma première bataille !

D'autres pièces suivent, toujours en direct. Je cherche les grands auteurs. Certains viennent à moi. Je rencontre Jean-Louis Curtis, puis Bory, au Flore, qui devient mon ami. Je travaille avec des metteurs en scène comme Mitrani et Cardinal. Je joue Mauriac, Beckett, Lacretelle, Balzac. *La Cousine Bette* fait un triomphe. On me considère désormais comme une des meilleures actrices de la télévision (il n'y a encore qu'une chaîne à l'époque).

Ma grande chance, bien sûr, a été cette possibilité que j'ai eue — contrairement, peut-être, à d'autres actrices — de montrer mes qualités sur des textes importants, et dans des rôles très riches.

Devrais-je jouer les modestes ? Je pense que j'étais

faite pour le grand emploi que m'a offert la télévision. J'ai démarré dans les meilleures conditions du jour où on m'a permis d'opter pour les personnages forts.

Je reviendrai sur mon métier. Mais je voudrais faire remarquer que, même à la télévision, contrairement à ce qu'on croit, on ne devient pas vedette du jour au lendemain. Il ne suffit pas de passer un soir à l'écran pour se faire connaître. En admettant que Fellini ait tourné par hasard le bouton de son poste et remarqué la prestation de du Schmoll, ce dernier devra quand même accumuler les succès pour se voir proposer d'autres engagements.

Curieusement, à la télé, le nombre ne rapporte rien. Quinze ou vingt millions de spectateurs, c'est bien pour les sondages. Mais l'important demeure de se faire remarquer par un gros producteur et de susciter l'envie qu'on nous engage. Ainsi Carné a vu Terzieff un jour, dans un procès, et lui a proposé *les Tricheurs*.

Quelquefois, notre carrière dépend d'une personne. C'est là évidemment qu'elle se fonde aussi sur le hasard.

Mais cela ne suffit pas. Avant de pouvoir s'appeler Alice Sapritch (tout court — ou Jules Dupont), il ne suffit pas qu'on dise : « c'est celle qui jouait dans *la Cousine Bette* ». Il faut avoir été « Alice Sapritch, dans *la Cousine Bette*, de Balzac, sur une adaptation de Jean-Louis Bory ». Ça forme un tout.

Reste ensuite le problème de tenir sur la longueur. La célébrité n'est jamais définitive. L'acteur connaît aussi des accidents de parcours, comme un cheval cale brusquement devant une haie qu'il n'ose franchir.

Difficile de généraliser, tant chaque démarche est personnelle.

Tout dépend également des modes. Fresson me racontait l'autre jour que Noiret lui aurait confié qu'on « cherche une Binoche jeune ». Effrayant ! Cette gosse a vingt-cinq ans ! J'imagine que Sophie Marceau fait également partie des vieilles et qu'on va bientôt recruter les jeunes premières chez les gamines. Pourquoi pas chez les nourrissons ?

Si j'écris « de mon temps », on va me taxer de gâtisme. Il n'en reste pas moins qu' « à mon époque », c'est-à-dire celle de ma sortie du Conservatoire, cet emploi, précisément, exigeait des petites femmes blondes, du genre « typiquement parisienne » et qu'étant grande et brune je n'ai jamais eu l'heur de m'y essayer.

En outre, se souvient-on d'avoir vu jouer Carmet, Rochefort ou Marielle à vingt ans ? Pour ne citer que lui, Marielle a débuté dans *le Quai Conti,* une autre pièce d'Hanoteau où il donnait une prestation remarquable.

En d'autres termes, le succès attend bien souvent le nombre des années, et suppose en tout cas qu'on occupe le bon emploi au bon moment. Et qu'il s'agisse de théâtre ou de télévision, il impose qu'on réunisse à la fois une bonne pièce, un beau rôle et un certain auditoire. C'est seulement après qu'on parle un peu de vous.

L'important, en un mot, reste de créer l'événement. Et quand je l'ai eu compris, je m'y suis efforcée.

Dès les années 60, chacune de mes apparitions en public, télévisée ou autre, est saluée par la presse, qui exerce à l'époque une influence considérable. Systématiquement, des journaux aussi considérés que *le Figaro* ou *le Monde* me consacrent alors des articles titrés en gros sur mon nom.

Et là s'amorce le troisième volet de mon désastre. Car ce début de succès agace fabuleusement mon mari. Entre-temps, de *Paris-Match,* il est passé à *Télé 7 Jours.* Jamais je n'aurai de lui un article spontanément élogieux. Comme il peut difficilement m'ignorer totalement sans se couper de son public qui est aussi le mien, il se contente, sous couvert de modestie, de citer de temps à autre le commentaire de tel ou tel de ses confrères, non sans y ajouter quelques réserves.

Je suis seule dans le succès comme je l'ai été dans l'échec. Et tandis que les gens rentrent chez eux pour suivre mes émissions, ces mêmes soirées me trouvent généralement en larmes devant mon poste.

Hanoteau supporte mal les appels qui s'ensuivent jusqu'à deux heures du matin. Je note — sans joie — que notre amour n'a pas résisté au succès de *Tous ceux qui tombent.*

Je conserve quelque part, parmi mes bons souvenirs, le pneumatique de félicitations que m'adresse Jacques Siclier, le critique du *Monde* que je ne connais pas encore, après avoir vu ce film.

Mais comme je me trouve peu après en compagnie de Jean-Louis Curtis et d'Hanoteau, chez Lipp, Bordas (alors directeur de la chaîne) fonce sur moi et me complimente durant cinq bonnes minutes sans même les saluer.

Hanoteau ne digérera pas l'affront. « Non, je ne serai pas *Monsieur* Sapritch. »

Ma vie conjugale vient de franchir un cap irréversible.

5

De grâce, pas de détails. Tous les couples se ressemblent et l'enchaînement est le même quand ils se disloquent.

Me sauver ? Hanoteau me faisait le coup du suicide.

— Si tu me quittes, je me tue.

En même temps, j'espérais que nous pourrions vivre encore côte à côte dans une sorte d'amitié. Je me disais :

— Ce n'est pas le rêve, mais le reste est un cauchemar.

Moi aussi j'avais mes lâchetés.

Jusqu'au jour où, au retour de trois mois de tournage en Espagne pour *la Folie des grandeurs*, je repère des signes de changement.

Il a minci et paraît plus gai. Tout de suite, je vois : la dent !

Devant, le trou est comblé ! Transformation symbolique, Hanoteau, si négligent, et qui malgré mes injonctions s'y refusait depuis des mois, s'est rendu chez le dentiste.

Son regard croise le mien, s'assure que j'ai compris.

Hanoteau confesse qu'en mon absence il a trouvé chaussure à son pied, et m'annonce sans scrupule que je suis remplacée.

— Toi, en plus jeune.

— Ah ! bon.

— Réfléchis.

— A quoi ?

— Tout vaut mieux que le vieillissement.

Il a l'air heureux avec cette personne. Il ne me demande même pas — c'est bien lui :

— Ça t'ennuie ? As-tu de la peine ?

Je lui ai ouvert la porte et lui ai donné son congé.

Il faut saisir la chance lorsqu'elle se présente, opinion qu'on ne retiendra peut-être pas à mon avantage. Il devenait temps d'arrêter les dégâts.

Traîner me semblait antipathique. Hanoteau ne se décidant pas à rompre, je l'ai poussé à partir et surpris en demandant le divorce.

Dans la mesure du possible, j'ai accéléré la procédure, confiant à notre ami commun Hervé Mille le soin de régler les modalités à l'amiable. Ce qu'il a fait avec sa diplomatie habituelle, entre la poire et le fromage, au cours d'un dîner qui nous a réunis une dernière fois.

Rapidement, nous avons partagé le peu que nous possédions, Hanoteau n'étant pas plus avide que moi.

Il a été condamné à me verser une pension dont je n'ai jamais reçu un centime, ce qui n'a rien changé pour moi sur le plan matériel. J'ai continué, comme par le passé, à subvenir à mes propres besoins.

Naturellement, j'ai été blessée. Je ne peux le nier. En même temps, je me sentais comme soulagée d'un poids qui m'aurait pesé sur le ventre.

J'ai toujours jugé pénible le rire du cocuage. Personnage comique propre au théâtre français (le grand, comme celui du boulevard), le cocu ne fait pas rire dans tous les pays. Moi, je l'estime tragique, car victime d'une trahison.

Mon chagrin ne portait pas sur la tromperie physique. Je considère — je peux me tromper — que l'amour sur ce plan s'émousse assez vite. En tout cas, seule forme qui m'intéresse, la passion entre nous avait disparu depuis longtemps.

Je subissais, dans ma tête, un échec autrement plus grave, celui d'avoir été flouée sur la qualité. Brusquement, le rideau s'ouvrait sur un inconnu.

L'inacceptable, c'est le naufrage qui s'ensuit quand le déclic se produit, et que tout un pan de mur s'écroule dans l'imaginaire. L'éclairage change, et on se trouve brutalement en face d'une réalité dont on ne soupçonnait rien, en face d'un être aux côtés duquel on a passé tant d'années, et qui n'est pas celui qu'on croyait.

C'est cette méconnaissance que je juge dramatique, et là la trahison.

Il y a aussi la manière. On peut entendre :

— J'ai choisi une femme plus jeune (donc plus agréable).

Mais pas :

— Tu es vieille.

Attention aux nuances.

Ainsi j'ai entendu un goujat, à qui, depuis, j'ai retiré mon amitié, détailler à sa femme les charmes de sa maîtresse — un profil de médaille, son grain de peau, le galbe de ses seins... Après vingt ans de vie commune ! La pauvre, qui n'avait rien de tout cela, s'en trouvait complètement désemparée.

Hanoteau ne m'a rien fait du genre. Simplement, je n'ai pas aimé ma succession.

— Une actrice comme toi. Elle te ressemble.

Je n'ai pas reconnu de parenté. Aucune filiation. Et j'ai songé alors qu'en vingt-cinq ans il n'avait apprécié ni mon visage ni mon esprit. Je lui servais de glace biseautée. C'est son image à lui qu'il avait recherchée à travers moi. Ce qui lui plaisait en moi, au fond, c'était lui.

J'en ai eu récemment confirmation par la juxtaposition de deux photos publiées — délicate attention — par *Télé 7 Jours*. Sur celle de gauche, on me voit bras dessus bras dessous avec mon mari. Sous-titre : « Tu m'as donné la vie en dot. » Sur la seconde, il se présente dans la même attitude avec celle qui a pris ma relève, et déclare : « Tu es mon rayon de soleil. »

J'en conclus qu'il était moins intéressé par sa compagne que par ce qu'il éprouvait lui-même. Cette distinction me contente.

Bien avant la rupture, il m'amusait moins. Je connaissais trop la recette finale. Il n'a pas su m'éblouir au-delà d'un certain temps.

Je n'ai pu accepter qu'il fût pareil aux autres. Il est tombé du piédestal sur lequel je l'avais mis, dégringolant d'autant que je l'avais hissé très haut.

Ce qui s'est brisé alors, c'est l'idée de notre couple. Pas du mariage, que je n'ai jamais cru pour nous indispensable, au point de mettre six ou sept ans à me décider. Mais je me flattais de penser que nous pouvions réaliser une association d'exception — deux êtres qui s'adoraient, s'épaulaient, partageant une joie et un travail commun. Et dans l'égalité.

La notion bourgeoise du couple ne m'a jamais tentée. A Saint-Germain-des-Prés, d'ailleurs, nous n'en fréquentions pas. Pas plus que je n'ai souhaité fonder une famille. J'ai toujours refusé d'avoir un enfant. Ceux des artistes sont si malheureux : ballottés, déboussolés. Couramment, certains se suicident. Le sachant, j'ai du moins évité le pire, en accord sur ce point avec Hanoteau.

Les statistiques le prouvent : il n'y a pas un ménage d'acteurs qui tienne le coup. Très vite ça se déglingue. La plupart divorcent, et choisissent ordinairement, quand ils se remarient, une femme ou un époux plus jeune qui reste au foyer.

Banalité d'énoncer que la vie de couple est incompatible avec notre métier. Nous les artistes menons une existence à part. Ce n'est pas pour rien qu'on nous enterrait autrefois en dehors des cités. Nous vivons en marge. Naturellement, nous nous plions aux mêmes lois que tout le monde, mais il ne faut pas exiger de nous l'impossible. Quand je tourne *Marie Besnard,* que j'ai passé ma journée dans un box d'accusé, sous les spots, concentrée, je ne peux pas rentrer chez moi, me montrer attentive, disponible, agir normalement. Que ferais-je d'une famille ?

J'en étais consciente. Mon erreur ne réside pas là, mais dans mon espoir de parvenir à former, avec Hanoteau, un attelage de deux numéros hors série.

Et j'ai découvert que j'avais épousé le baron Hulot de *la Cousine Bette*.

Avec sa jalousie, il croyait tenir dans le mariage un moyen sûr de me garder. A chaque instant je rêvais de m'évader. Très souvent je me suis enfuie, mais il me rattrapait. Je préférais, ayant compris que je ne pourrais compter sur lui, être seule à me battre, avoir les coudées franches.

Il ne me suffisait pas d'être Mme Hanoteau. Je savais très bien ce que je voulais, d'une façon totale et absolue : réussir.

Maintenant je pense que l'artiste n'a le choix qu'entre la solitude — j'ai une grande discipline — ou se démettre et renoncer.

J'ai toujours fait passer mon métier avant tout. J'attendais d'Hanoteau qu'il me suive dans cette voie. J'avais idéalisé notre couple, nous fixant la mission irréalisable de normaliser notre anormalité. C'est sur ce plan qu'il ne m'a pas soutenue, mais trahie.

Naturellement, tout n'a pas été négatif, dans cette union. Nous avons vécu des moments formidables. Il serait ridicule de les rejeter en bloc.

Outre cela, j'avais, en épousant Hanoteau, comme on l'aura deviné, épousé mon père. Je retrouvais chez lui le même charme, la même intelligence, la même culture. Et la même insouciance. Disons, la même forme de lucidité dans l'inconscience, qu'il a développée en moi, comme l'humour (j'avais un terrain propice). J'ai beaucoup acquis à son contact.

Avait-il, ainsi que mon père, le mépris de l'argent ? Je ne l'ai jamais vu faire une concession par intérêt. Et Dieu sait le bouillon de culture que représentait un journal comme *Match*. Il restait volontairement en dehors des combines, en être descendu d'une autre planète. J'appréciais ce côté positif, même si parfois, au cœur de nos difficultés — je n'ai jamais prétendu être parfaite — je me révoltais un peu. Il m'est arrivé de lui reprocher de ne pas utiliser les cartes qu'il avait en main.

— Ecoute, les autres le font bien. Pourquoi pas toi ?

Parallèlement, parce qu'il se montrait autre dans un monde pourri, je le mettais dans une case à part. Il pouvait se livrer à une grande débauche, il n'en avait pas moins sa pureté, ses propres règles, c'est-à-dire celles de sa nature.

Hanoteau avait la passion de la jouissance de la vie, comme mon père celle du jeu.

Tout cela, je le savais. J'ignorais, en revanche, que j'allais endurer avec lui les mêmes soucis que dans mon enfance.

De mon mari, j'attendais un réconfort, un soutien, une protection. J'ai connu pendant des années les huissiers derrière la porte.

J'ai vu Hanoteau, comme mon père, perdre sa dignité d'homme en refusant d'assumer ses responsabilités vis-à-vis des siens et de la société. Chacun d'eux avait sa façon à lui de s'arranger avec la morale, de retourner les situations à son avantage.

Ayant l'un et l'autre résolu de vivre leur vie, ils devaient obligatoirement s'alimenter de la substance des autres. Je m'en suis rendu compte avec Hanoteau, il est des gens qu'on ne raisonne pas. Et si on exige des comptes, ils se dérobent.

Ce qui est curieux, dans ma destinée, c'est que je n'ai pas souhaité cette continuité. Au contraire, je me suis débattue. Toute ma vie, j'ai lutté pour échapper à cette enfance agitée, tourmentée qui avait été la mienne dans une famille si bizarre, si désaccordée. En quête d'un refuge, j'ai cherché précisément l'inverse.

Et à chaque fois, comme une fatalité, je n'ai rencontré que l'incertitude.

Gide, dans son journal, cite un texte de Ruskin où il est question d'une barque et de naufragés qui s'agrippent au bord, menaçant de la faire couler. Alors un marin, s'emparant d'une rame, les frappe et les oblige à s'en détacher. Bien que l'on ne cesse de coller à mes basques, je ne suis jamais passée à l'acte, mais cette phrase m'a beaucoup hantée.

Car entourée, depuis toujours, d'êtres qui ont tendance à s'appuyer sur moi, je réagis comme l'arbre qui, sous la pression, se dégage en oblique, et cherche désespérément un tuteur.

Jamais je n'ai trouvé de support. Ni dans mon enfance, ni dans ma jeunesse, ni à l'âge adulte, pas plus que maintenant, avec la vieillesse. C'est toujours moi qui tiens le parapluie pour abriter les autres.

Dans ma carrière aussi. Un détail : j'ai bien un agent, mais il attend que je lui amène les affaires, et c'est moi qui règle tout.

Jusqu'à mon public qui me téléphone et qui, sous couvert de me féliciter, sollicite une aide ou de l'argent.

Sans laisser surgir le désir d'offrir, déjà on exige.

Voilà mon drame. Suis-je si difficile à comprendre ?

Pourquoi, sous prétexte qu'on m'aime, devrais-je systématiquement ce soutien à autrui ? J'ai aussi mes moments de faiblesse.

Mais le processus est toujours le même : on dépose ses valises devant ma porte. Et je sens deux bras qui me serrent le cou, jusqu'à l'étranglement, sans qu'on me donne même le temps d'un épanouissement.

Astrid, ma nièce, naturellement, se comporte autrement.

Mais en général, ça se résume à ça : on m'aime, on m'adore et on veut m'étouffer.

Après Hanoteau, on m'a encore piégée par la passion. J'ai évité, cette fois, de m'engager dans les filets. Reconnaissant la musique, je me suis sauvée.

Devrais-je indéfiniment reproduire le même thème, et du fait qu'on m'adore tout subir ?

Certes à un moment mes parents m'ont laissée fuir. Pour leur bien aussi, puisque je les aidais. Et ils m'ont rejointe. Leurs visites répétées ont singulièrement compliqué ma vie conjugale.

Mais si j'ai négligé, avec Hanoteau, de tirer à temps sur l'alarme pour arrêter le train, ce n'est ni par manque de lucidité ni parce qu'il menaçait de se tuer. Je l'imaginais extra ordinaire (en deux mots), ou si l'on préfère, supra ordinaire. Alors le jour où j'ai constaté qu'il avait les goûts de tout le monde, déçue, j'ai lâché.

Il voulait partir. Je ne l'ai pas retenu. A quoi bon ?

J'éprouvais déjà une grande fatigue de tout cela. Pas à cause des couchailleries qui, j'insiste, pour moi ne comptent pas. Je peux mettre des lunettes, ou des boules Quiès.

Mais, et je le dis en toute franchise, parce que je n'avais pas envie de le garder. Il ne se montrait pas à la hauteur, et moi dans ma tête je n'étais déjà plus là.

Après 1971, je ne l'ai pas revu. Seulement croisé en deux occasions tragiques. D'abord à la mort de Michel de Ré. Il sanglotait. Je me suis demandé sur qui. Je crois qu'on s'attendrit plutôt sur soi. La seconde fois, également, lors d'un enterrement. Je l'ai trouvé beaucoup changé. Vieilli.

— Appelle-moi !

— Oui, oui, oui !

Il ne l'a jamais fait. Et c'est bien ainsi. En quittant la table de jeu, j'étais sortie de son monde.

Avait-il coupé le fil ?

J'ignore de quoi il a vécu après avoir quitté le journal. On ne voyait plus guère sa signature. Je n'ai jamais su sa nouvelle adresse, après qu'il a vendu — toujours avec l'écriteau — le ravissant atelier de la rue Vaneau que je l'avais obligé à acheter pour l'empêcher de dilapider un nouvel héritage.

Nous avons pourtant conservé quelques amis communs. Gênant ? Non. Tout Paris est divorcé. Si l'on devait choisir un camp, on ne verrait plus grand monde.

On m'assure que, les derniers temps, il disait beaucoup de bien de moi, parlait de ma carrière avec admiration. Tout cela ne m'enchante guère. En tout cas ne m'émeut pas, car cela me paraît normal. Même s'il a disparu l'année dernière.

Je n'ai pas assisté à ses obsèques. Devais-je pleurnicher ? Toujours mon côté radical. J'ai tourné la page. Je déteste les faux bons sentiments et les simagrées.

Chazot, friand de ce genre d'événement — il n'en rate pas un — a tenu à me raconter. J'ai écourté.

Deux autres coups de fil, à cette occasion, sont venus momentanément troubler ma quiétude, comme un caillou jeté dans l'eau provoque une ride qui s'élargit en ronds.

Anne Vernon, une amie qui montait parfois chez lui (il était devenu impotent), tentait de m'expliquer :

— Hanoteau, vois-tu, finalement, était un enfant. Sa pépée sanglotait et demandait à me voir.

Dans les deux cas, j'ai vite raccroché. Même assez sèchement. Je m'en veux à présent.

Oui, la nouvelle m'a fait beaucoup de peine. Mais à quoi me serviraient de telles conversations ? Faute d'éléments qui ajouteraient un plus à ma vie de maintenant, elles ne pourraient être que négatives. Ce n'est pas mon histoire.

De toute manière, Hanoteau, je le connaissais mieux qu'elles. Elles ne vont rien m'apprendre sur le personnage. Je souhaite conserver de lui un autre souvenir, dont ni l'une ni l'autre ne me donneront la clé.

Hanoteau, à ma connaissance, s'est dépeint lui-même sous les traits de son héros, dans ces quelques lignes de *Ces nuits qui ont fait Paris*.

« Hector des Sabliaux, avant de fermer les yeux, n'a pas songé aux livres qu'il n'avait pas écrits, aux gloires qu'il n'avait pas conquises, aux fortunes qu'il n'avait pas su retenir, aux femmes qu'il avait mal aimées. Il a seulement murmuré : j'ai vécu à Paris. »

Comme Hector, Hanoteau a eu l'honnêteté d'aller jusqu'au bout de ses désirs, ce qui m'apparaît, finalement, comme assez courageux. Et j'y puise une certaine sérénité.

La rançon, hélas, de cette quête du plaisir, a été l'abandon de sa propre production. Il était trop intelligent pour ne pas en avoir également la lucidité.

Je pense qu'il s'est rendu compte qu'il avait raté sa création, constat à la fois triste et frustrant.

Et si j'avais un regret — il ne faut pas réagir ainsi, c'est absurde — il résiderait dans le fait qu'il n'a pas montré sa mesure, pas su accomplir son œuvre.

Car du talent, fichtre, il en avait ! Je suis sûre de ce que j'avance. Et j'ai quand même un très bon jugement. Le peu qu'il laisse est de grande qualité. Et je me permets de l'affirmer avec d'autant plus de force que, pour le reste, je ne lui fais pas de cadeau.

J'ai cru qu'un jour il s'enfermerait pour écrire. Or chaque page s'avérait un tel accouchement que j'en perdais mon latin. Quand j'ai compris que cette lutte était totalement inutile, je me suis découragée. J'ai mis la clé sous le paillasson.

A bien y réfléchir, la rencontre avec cette fille n'a été que l'amadou. Je ne peux lui en vouloir. Croit-elle que j'ai refusé de la rencontrer par rancune ? Si j'ai paru brutale, j'en suis navrée. Je ne la tiens pas du tout pour responsable. Simplement, celui qu'elle souhaitait évoquer ne m'intéresse pas.

Evidemment, Hanoteau avait le goût d'une certaine médiocrité. Il était d'ailleurs parfaitement misogyne. Mais ce que je lui ai reproché, fondamentalement, tout au long de notre vie de couple, c'est d'avoir renoncé à écrire.

Avec le recul, je reconnais mes torts. De quel droit tiendrait-on rigueur à un être d'avoir voulu gérer sa vie à son gré ?

Mon chagrin d'aujourd'hui devient très bicéphale. D'un côté Hanoteau est mort pour moi depuis quinze ans. De l'autre, sa disparition ravive trop de souvenirs que je croyais enfouis.

Et pour ne pas souffrir, je me dis quel dommage ! Cet homme ne m'a pas méritée. Ses jouissances s'avéraient, malgré tout, plus importantes que la valeur des êtres.

Prétentieux, sans doute, ce sentiment que je nourris d'avoir été des perles distribuées aux cochons ! Qu'importe ! Hanoteau ne s'est pas montré digne de recevoir ce que je lui apportais.

Il me demandait seulement d'être toujours de

bonne humeur, prête à lui servir de tremplin pour ses distractions. Peut-être, comme tout individu qui évolue dans l'imaginaire, était-il profondément malheureux, et cherchait-il à travers moi une fuite dans la facilité. Il ne s'ouvrait guère à la confidence..

Tant pis ! Je pleure sur moi, et je préfère. Ça me protège, quoique cette thérapeutique me renvoie à la solitude qui constitue ma destinée.

Je regarde alentour sans apercevoir de couple susceptible de développer côte à côte des existences parallèles dans l'art. Mais j'ai beau savoir que quand deux éléments ne sont pas de force égale, il y en a toujours un qui meurt de l'autre, je trouve injuste qu'Hanoteau n'ait pas supporté mon succès. Et je voudrais quand même qu'il ait pu être Monsieur Hanoteau, et moi Alice Sapritch. Je m'étais fixé ce but, et là j'ai échoué. En ce sens également, j'ai manqué ma vie de femme. Je souhaitais partager avec lui ma réussite professionnelle. Qu'il fût fier de moi. L'épater. Loupé !

En admettant qu'on me donne le choix — idiot de raisonner ainsi, on ne renouvelle jamais la même expérience — et que je puisse recommencer ma vie avec Hanoteau, je ne le ferais pas. Car je reste amputée de mes plus belles années. J'ai subi, à cause de sa lâcheté, des avatars qui m'ont coûté des cinq et dix ans de carrière. J'ai connu trop de temps morts, trop de batailles, trop de blessures, et surtout trop de déchet.

Quelquefois, comme un enfant joue à se faire peur dans le noir, je m'angoisse : que serais-je devenue sans mon métier ? Sans doute avais-je de l'ambition. Mais aurais-je survécu sans lui ? C'est pourquoi je l'aime. Partie de zéro, je n'ai jamais reçu aucun secours, ni d'autre sécurité que de mon travail. Hanoteau ne s'en est pas soucié.

Peu me chaut qu'il m'ait considérée par la suite. Posthume, son admiration ne me console pas.

Peut-être hésitait-il par pudeur à me louer dans ses articles. J'espérais plus d'assurance. Et je ne lui pardonne pas de m'avoir gâché ce plaisir extraordinaire que j'aurais dû goûter avec mes succès. Car pour cela j'avais engagé ma vie entière dans le plateau de la balance.

Ainsi s'explique que je ne puisse apprécier parfois qu'avec une certaine tiédeur les bonheurs qui m'adviennent désormais.

En outre, qui peut prendre une joie solitaire ? Je trouve cela sinistre.

J'entrevois, de temps en temps, lorsque je descends avec des copains de tournage dans des restaurants réputés gastronomiques, un homme ou une femme isolés dans la salle. Et cela me paraît abominable.

Je comprends que, pour se sustenter, on se rende dans un bistro et grignote dans un coin un œuf ou un sandwich. Mais l'idée de s'installer à une table pour profiter seul d'un plaisir !

Qui rêve de voyages, de beaux paysages, sans quelqu'un auprès de soi à qui presser la main, ou les commenter ?

Je ne suis jamais allée en vacances avec mon mari, sinon pour mon travail. Lui partait. J'en aurais les moyens à présent. Mais je ne le fais pas. Je ne me déplace que par obligation, ou accompagnée.

Pour me reposer ? Ridicule ! Réservons les chaises longues aux malades. Ce qui me détend, c'est de m'amuser, de me promener avec des copains, de m'intéresser à l'un ou à l'autre.

Je ne récuse pas ma solitude. Je recherche l'isolement pour m'imprégner d'un rôle. Et j'aime me sentir seule avec ma réflexion, chez moi comme à l'extérieur.

Mais je ne conçois ni le plaisir, ni la joie, ni la réussite, bref pas le bonheur, sans partage.

J'ai tellement l'habitude de tout prendre en charge que je peux donner aussi l'impression de me suffire à moi-même. Si bien qu'on m'assène :

— Toi, évidemment, tu n'as besoin de personne !

Je conteste. On a toujours besoin de quelqu'un.

6

Je ne veux ni pleurer sur mon passé ni qu'on me plaigne. Je suis une apatride qui s'est offert comme pays Paris, la plus belle ville du monde, la capitale des capitales. Cette cité m'a apporté toutes les joies.

Hanoteau parti, j'ai réorganisé mon existence. Conservant l'appartement que nous avions acheté ensemble, j'ai rebâti mon oasis au cœur de Saint-Germain-des-Prés.

Depuis longtemps j'avais choisi ce quartier, en plein essor à l'époque où je m'y suis installée, parce qu'il regroupait des gens qui me ressemblaient — sans famille, sans bagage, sans pays. Et je m'en trouvais bien.

Nous partagions le même sens de la liberté, peut-être pour avoir rencontré des difficultés similaires. A l'aise comme un poisson dans l'eau, je nageais là au milieu des miens.

Nous avions en commun la fuite d'un milieu. Le plus souvent, on n'échangeait que les prénoms, sans se soucier du patronyme. Elisabeth, Jeanne, Marc, Pierre... s'agglutinaient pour former la famille des sans-famille.

Nul n'essayait de savoir d'où on venait, où on allait, car on acceptait au même titre fils de prince et de concierge. C'était ce que j'aimais et qui n'existe plus.

Ne pas m'intégrer, voilà ma recette. Au point que je n'ai jamais interrogé même Hanoteau sur son enfance. Je sais que ses parents le chérissaient. Seul mâle, il avait une sœur.

J'ai eu ma dose de souvenirs. Pourquoi, si je peux m'en dispenser, m'encombrer également de ceux des autres ?

La vie à Saint-Germain, sans familles, sans couples, me convenait parfaitement.

Je crois qu'il est juste aussi d'avoir un désir d'isolement. Sur le plan matériel, j'ai fait blinder ma porte, rangé tout au fond de ma maison les papiers d'autrefois. Il est certains tiroirs que je me garde d'ouvrir. Ou le cas échéant, je m'impose un nettoyage.

Et quand je mets la clé dans ma serrure, certaine dorénavant que le gaz n'est pas coupé, le téléphone non plus, et puisque j'ai payé mes factures, qu'aucun papier bleu ne m'attend, je goûte un bonheur extraordinaire, complètement délirant. Pour qui a trimé toute son existence, ce plaisir est normal. Moi je n'y suis pas encore habituée.

Absurdité !

Sous mes fenêtres, un paysage qui me plaît. De mon lit, j'entrevois un arbre. De la cuisine, des fleurs. Et du salon, une branche. Comme une plante sans racines qui se serait fixée là, j'ai le sentiment d'être née à deux pas de la rue de Rennes, entre Montparnasse et Saint-Germain-des-Prés.

Enfermée dans mon phare, tour que je ne veux pas d'ivoire, je peux humer l'asphalte. J'ai le goût de la solitude, pas celui des déserts. Et la proximité des cafés et de l'animation me rassure.

Nomade sédentaire, j'ai cherché un endroit où il se passe des choses. Ce centre est un carrefour. Je peux me rendre à pied chez Lipp, au Flore ou à la Coupole, d'où j'observe.

Je pose, comme je dis, mon gros cul sur la moleskine et regarde, autour de moi, la foule s'agiter. Je m'invente des histoires. La femme qui traîne son gosse, le type son paquet...

La rue pour moi se transforme en théâtre, véhicule extraordinaire. Si j'avais du temps, je pourrais rester des heures, le front collé à la vitre de mon agence de la BNP, face à la fontaine.

J'adore m'asseoir en terrasse avec un verre, et saisir au vol les conversations à bâtons rompus.

J'ai les yeux ouverts, mais pas toujours sur la réalité qui apparaît aux autres. Je lis la vie entre les lignes, au-delà des apparences. Mon imagination est comme un cabas où je fourre toutes sortes d'impressions. Je suis une espèce de clocharde qui crochète un peu partout des bouts de ficelle ou d'étoffe. J'entasse ces maigres provisions, sans trop savoir si elles serviront, ni à quoi.

Autrefois, je m'installais sur un banc, avec un cornet de frites ou de marrons, pour profiter du spectacle. Ma célébrité ne me le permet plus. Fatiguée de ces imbéciles qui m'abordent avec des « Chérie, chérie ! » pleins d'esprit, je n'ai plus que la ressource de fréquenter des lieux où l'on peut me protéger.

A condition de ne pas m'attarder, je jouis encore, chez Lipp ou au Flore, d'une liberté totale. Je tiens à l'écart ceux que je nomme « les avaleurs de vent », c'est-à-dire qui ouvrent ou vous obligent à ouvrir la bouche pour ne rien dire. En réalité, j'apprécie, quand je parle, qu'on m'écoute. Et si je sais que mes paroles ne seront pas comprises, en bonne paresseuse, je préfère me taire.

Par flemme également, sans message particulier à délivrer, j'aime mieux prêter l'oreille. En principe, les gens nouveaux me fascinent. Mais comme je perçois très vite, il m'arrive aussi de m'ennuyer bientôt.

L'idéal, naturellement, serait de pouvoir rester là à rêver tranquillement sans qu'on me voie. De temps à autre, je me fais repérer. J'ai dû rembarrer un garçon, l'autre jour, qui, croyant que je lui faisais de l'œil, insistait pour m'inviter.

— Merci, monsieur, j'ai mon thé.

— Pourtant, vous me fixez depuis un quart d'heure.

Hypnotisée par l'ambiance, je n'avais pas remarqué.

Je n'éprouve pas la même curiosité pour la campagne. Je peux m'émerveiller d'un coucher de soleil sur un beau paysage, comme j'en découvre parfois de la voiture, en rentrant d'un tournage. Ou du rythme des saisons, encore qu'une fois pigé le mécanisme... En règle générale, la nature me semble un peu vide. Ça manque d'êtres humains. J'ai la faiblesse de préférer l'homme aux insectes. En outre, j'aime marcher sur des trottoirs et respirer l'odeur de la ville.

La plus belle image, pour moi, c'est cette Seine qui coule, paisible, le long du quai d'Anjou, et que j'admire souvent le soir en sortant de chez des amis. Je lève la tête vers les étoiles, et je voyage.

Ces mêmes amis occupent par ailleurs un appartement sublime, que je ne dénigre pas. Mais c'est cette vue, dans mon esprit, qui définit le vrai faste. Unique, elle m'émeut plus que toutes les possessions.

On ne m'épate pas avec des châteaux, des bijoux, des perlouses. Je ne m'inscris pas dans ce créneau du luxe car tout cela s'achète. Et je ne conçois l'argent que comme moyen, non comme but. Je crains même qu'au-delà d'un certain niveau de confort, il n'empêche d'accéder à l'imaginaire.

J'ai consacré une bonne partie de ma vie à tenter de m'assurer une certaine sécurité. Je ne confonds pas pour autant bien-être matériel et trop-plein. Je ne suis pas mégalomane. A quoi me serviraient dix maisons et vingt voitures ? Quelle idée de s'épuiser à faire la navette entre un appartement à Paris, un autre à New York, une maison sur la Côte... !

Mon intention était d'assurer financièrement mes vieux jours, et dans la mesure où je travaille, je devrais maintenant, sauf catastrophe, y parvenir.

Je mène une existence agréable. Mais je n'ai pas les revenus d'une star d'Hollywood. Je paie des impôts énormes. Et je ne souhaite pas devenir esclave de la fortune.

D'ailleurs, de mon point de vue, le trop appelle la malédiction. Je reprends à mon compte la phrase de Meredith : « Dieu n'aime pas l'argent. Regarde dans quelles mains il le place ! » Je ne voudrais pas peiner les concierges, mais prêtons un peu attention : quel destin que celui des milliardaires ! Ils se tuent en avion, deviennent dingues, assassinent leur femme. Ou leurs enfants se suicident. Aucune de ces familles n'échappe au tragique.

Encore mes origines orientales. Il me semble qu'on attire le mauvais œil en amassant une opulence indécente.

Je tiens ça de ma mère. Je l'ai vue, un jour qu'elle m'avait emmenée sur un de ces petits bateaux qui traversent le Bosphore, retourner sa bague, et même se ganter, pour dissimuler le brillant glissé à son doigt qui captivait le regard d'une passagère de troisième classe.

— Je me demande, m'avait-elle expliqué, si je mérite de le porter.

Dès le retour de notre promenade, elle rangea définitivement le bijou dans son coffret. A quelque temps de là, mon père le joua et perdit.

J'ai accompagné récemment chez un antiquaire une amie qui possède deux châteaux dans lesquels on peut à peine circuler tant ils sont encombrés de meubles.

— Je prends ce secrétaire.

— Mais c'est bourré chez toi !

— Il faut toujours acheter.

Je ne partage pas cette manie de l'acquisition inutile. C'est probablement un signe de vieillissement, mais je n'en ai plus l'envie. Je crois d'ailleurs ne l'avoir jamais eue.

Logique avec moi-même, je me satisfais de posséder une clé qui m'appartient. J'apprécie que mon intérieur soit propre, net, bien ordonné. Sans plus. Et je déteste courir pour rien d'un lieu à l'autre.

Comme je connais parfaitement mes goûts, je me rends toujours dans les mêmes boutiques. Par facilité. Quand une marque me convient, je ne vois pas pourquoi j'en changerais. Je note les références, me procure l'article auquel je suis habituée et refuse qu'on m'en montre d'autres.

M'agace également dans les restaurants qu'on veuille me faire essayer des plats. Chaque fois que je me suis exécutée, j'ai été déçue. Pourquoi innover quand je sais ce qui me plaît ?

Pas plus que je n'ai eu l'idée de quitter Saint-Germain-des-Prés. Ce que j'adore, dans ce quartier, ce qui m'a fait l'adopter à cent pour cent, c'est son côté bigarré. On y fraie avec des gens de toutes catégories, toutes classes confondues, que le portefeuille indiffère. Je ne pourrais pas habiter ce Neuilly stratifié où chaque maison est un coffre-fort. Il y a probablement autant de riches vers les Deux-Magots, mais on les distingue moins.

L'entrepreneur qui a construit l'immeuble où je réside m'a proposé le même avenue Foch, sensiblement dans les mêmes prix.

— Ne m'embêtez pas. Je n'irai pour rien au monde. Je vous ai demandé entre Montparnasse et Saint-Germain. Pas ailleurs.

Toujours ma paresse. Pourquoi se fatiguer à chercher des taxis ? Je veux rester dans le centre pour être à pied d'œuvre, tout avoir à portée de la main.

J'aime savoir qu'il suffit que je sorte, que je marche un peu, et que je vais croiser la gueule d'un copain. En deux phrases, on a un échange. J'écoute un potin. J'apprends une nouvelle. Parfois on prend un verre.

Naturellement, depuis ma jeunesse, le quartier a beaucoup changé. Je le note avec une pointe de nostalgie, mais sans passéisme. Normal que tout change. Quand j'entrevois, comme l'autre jour en m'arrêtant au tabac de la rue Bonaparte acheter des cigarettes, le visage familier d'un de ceux que j'appelle les « rescapés de Saint-Germain-des-Prés », j'imagine qu'il s'agit là de quelques spécimens qu'on montre actuellement aux touristes. Comme me disait Pascal, le vieux garçon du Flore, qui est mort :

— Vous savez, mademoiselle Sapritch, quand des Américains me demandent les existentialistes, eh bien, je leur indique d'autres Américains.

Evidemment, mon existence aussi s'est modifiée. Je n'ai plus le loisir comme autrefois de passer des heures dans ces bistros que Léon-Paul Fargue qualifiait « d'entreprises contre le désespoir ». Même avec un gros cafard, on discutait un moment avec un ami, et le mal s'en allait.

De temps à autre, je m'offre encore une pause. Et j'ai l'illusion d'avoir pris des vacances. Je me repose en réfléchissant, ou en rêvassant. J'ai un besoin urgent et vital de flâner.

Ce qui m'intéresse, c'est l'imprévu. J'aime les rencontres inopinées et les dîners impromptus.

Je garde mon Frigidaire garni, et quand un copain me téléphone :

— Que fais-tu ce soir ?

J'annonce la couleur :

— Rien de précis. Viens donc partager mon repas.

Les distractions sur commande, ou prévues de longue date sont souvent moins gaies.

On me reçoit beaucoup, mais toute invitation comporte des obligations. Il faut se montrer attentif, participer à la conversation, se mettre en frais. Je n'ai pas forcément envie de parler.

Je sors d'ailleurs beaucoup moins que par le passé.

D'abord parce que, quand on m'invite, maintenant, c'est rarement gratuit. Trop souvent, dès que j'arrive, je tombe sur les photographes. Et je sais que tôt ou tard, dans le courant de la soirée, des gens que je ne connais pas viendront se coller à moi pour être sur le cliché. Ces manipulations systématiques m'excèdent.

Récemment encore, comme je me trouvais à Lyon pour le tournage du *Cri de la chouette*, d'Hervé Bazin, j'ai reçu un appel d'une ancienne chanteuse, reconvertie dans la sculpture, installée dans la région, que j'ai dû rencontrer dans le temps, et depuis oublier.

— Ma chérie, j'apprends que tu es là. Il faut absolument qu'on se voie !

Elle me baratine sur sa maison de campagne, insiste pour qu'on dîne. Bonne fille, je prends rendez-vous pour le samedi suivant. Elle envoie un de ses copains me chercher vers sept heures. Première surprise :

— Je vous conduis auprès de Mick Micheyl qui vous attend avec quelques amis dans une péniche sur la Saône.

— Je croyais qu'il s'agissait d'un bistro tranquille.

— Oui, oui. Après. Mais on la rejoint là pour l'apéritif.

La puce à l'oreille, j'ouvre l'œil.

De fait, j'aboutis dans un lieu exécrable. Gens ordinaires. Mauvais champagne. Je sens une petite faim, et manœuvre auprès de Mick :

— Si on passait plutôt à table ?

Le restaurant, à l'évidence, appartient à une tapette de ses amis. Une rangée de garçons au gardeà-vous, ce qui me gêne beaucoup, nous accueille. On nous installe au premier étage. Repas quelconque. Convives et conversations aussi. Pas très en forme moi-même, je m'empêche de bâiller. Enfin au dessert — c'est là que la pièce commence — Mick Micheyl, après s'être éclipsée, reparaît chargée d'un gros sac dont elle extrait une espèce de grande poêle en cuivre, ainsi qu'une machine dont j'ignore à quoi elle peut servir, qu'elle pose devant elle.

Je m'informe.

— Qu'est-ce que c'est que tout ça ?

Deux types bardés de flashes et d'appareils photo surgissent et me font face.

— Je vais graver ton portrait sur le fond de la casserole, et tu le dédicaceras au restaurateur.

Il a fallu un moment pour me calmer. J'ai fait un scandale. Je réclamais la note. Je ne supporte pas ce type de méthode. Pourquoi ne pas avoir d'abord dîné gentiment entre copines ? J'aurais certainement réagi différemment si, quelques jours plus tard, elle m'avait demandé de l'aider à faire la publicité de son ami. Mais je déteste les traquenards. Je ne veux pas qu'on m'utilise en croyant me blouser par surprise. De plus, c'est ridicule. J'en ai tellement l'habitude que, depuis maintenant un certain nombre d'années, je me renseigne généralement sur les autres invités avant d'accepter de me rendre quelque part.

Tant pis si je parais mal élevée.

Tout le monde sait que je viens. N'ai-je pas le droit de savoir qui sera là ?

Désormais je sélectionne.

Je ne veux plus sortir qu'à bon escient. Le temps

passe très vite. Quand on est jeune, on peut le gaspiller. Je suis à présent économe du mien.

J'ai été trop échaudée. Je sais qu'à un moment de ma vie, sans doute par facilité, je me suis laissé envahir par une cour de gens à la limite de la stupidité.

Je n'aime pas beaucoup les salons car j'y croise, généralement, la race que j'exècre de ceux qui me cramponnent pour me faire parler de mon métier. Je me présente là en civil. Je voudrais qu'on ne me pose pas de questions, qu'on me considère au même titre que tout le monde. J'ai beau déclarer que le bureau est fermé, sourd à mes arguments, on s'obstine à m'interroger.

Comme neuf fois sur dix c'est du bla-bla, ce dont j'ai horreur, je joue alors un tour à ma façon dont on ne s'aperçoit même pas : sciemment, je dévie la conversation jusqu'à ce que les propos deviennent totalement idiots.

J'ai aussi un autre truc, assez efficace : je réponds gracieusement une fois ou deux, et puis à mon tour je soumets mon interlocuteur à un feu roulant. Dans ce cas, j'ai vite la paix. Tout heureux de se raconter, il me laisse m'évader par la pensée. Bénéfice supplémentaire : il me juge charmante. Je gagne sur tous les tableaux.

Je me compare parfois à un paratonnerre pour débiles, car j'ai la spécialité d'attirer les fous, mythos, mégalos ou autres. Il suffit qu'il y en ait un dans une soirée, il est pour moi. J'utilise, dans cette circonstance, une technique peaufinée au fil des années. Je branche le compère sur son sujet. Il me dore la pilule. Naïvement, je fais l'étonnée, m'intéresse, m'extasie. Possédant bien les données du problème, je règle la mise en scène de sa petite comédie, ce qui me réjouit beaucoup. A la fin, on se sépare très contents l'un de l'autre.

Haïssant, malgré tout, le systématique, je me lasse rapidement.

J'opte aussi maintenant pour la méfiance car je me sais vulnérable sur le plan affectif.

Là, je vais me mettre carrément à nu. Moralement, s'entend. (Je préfère préciser, au cas où *France-Dimanche,* comme c'est arrivé, détacherait cette formule ambiguë en encadré.) Faible par nature, je suis sensible au fait qu'on vienne vers moi. On peut me séduire, car je reconnais que j'adore qu'on m'aime. Est-ce un crime ? Bien que consciente, dès le départ, de la médiocrité de celui qui m'approche, je risque parfois, en fin de course, de me laisser embobeliner. On ne m'a pas par la flatterie, que je décèle au premier coup d'œil. Mais qu'on soit présent, qu'on me téléphone, qu'on mette le siège devant ma maison, on s'intègre dans mes ronds.

Je ne nie pas m'être volontairement installée, un temps, dans un environnement assez bruyant. Oui, je me suis exhibée au milieu de tapettes en folie et d'hurluberlus en tout genre.

Mon ami Gilles Sandier me l'a d'ailleurs reproché publiquement au cours de l'émission à laquelle il participait dans la série « l'Homme en question ».

Avec raison, il s'est montré sévère à mon égard, quoique j'aie tenté de lui expliquer — ce qui apparemment lui échappait — que je ne me leurrais pas, personnellement, sur le caractère véritable de ces relations. Je n'espérais pas, avec ces gens-là, un échange profond. Ils donnaient simplement à ma nature mélancolique une dimension de légèreté. Ils me procuraient un amusement d'une heure ou deux,

Avec mes parents et mes deux sœurs, Anaïs et Aïda. *(D.R.)*

A ma sortie du Conservatoire, en 1943. *(D.R.)*

Avec Guillaume Hanoteau, dans la vallée du Doubs,
pendant la tournée de *Regain. (D.R.)*

Avec Jean-Marie Serreau
dans *Amédée ou Comment s'e*
débarrasser de Ionesco. *(D.R.*

François Mauriac, à Malaga,
m'explique le rôle de Marie Gornac,
dans *Destin,* mis en scène
par Pierre Cardinal. *(D.R.)*

Avec mon ami Jean Coctea
lors de son « Spectacle forain
à l'Alliance française. *(D.R*

Avec mon ami Jean-Louis Bory,
au festival de Cannes.
(Photo © Léo Mirkine)

Avec Reichenbach, Cocte
Francine Weisweiller et Cla
Benedict, au festival de Cann
(Photo © A. Trave

Dans le rôle de la Camerata *(l'Aiglon)* au Théâtre du Châtelet. *(D.R.)*

Avec Tchernia et Pierre Olaf dans *la Tour Eiffel qui tue* de Guillaume Hanoteau, mis en scène par Michel de Ré. *(Photo © Lipnitzki-Viollet)*

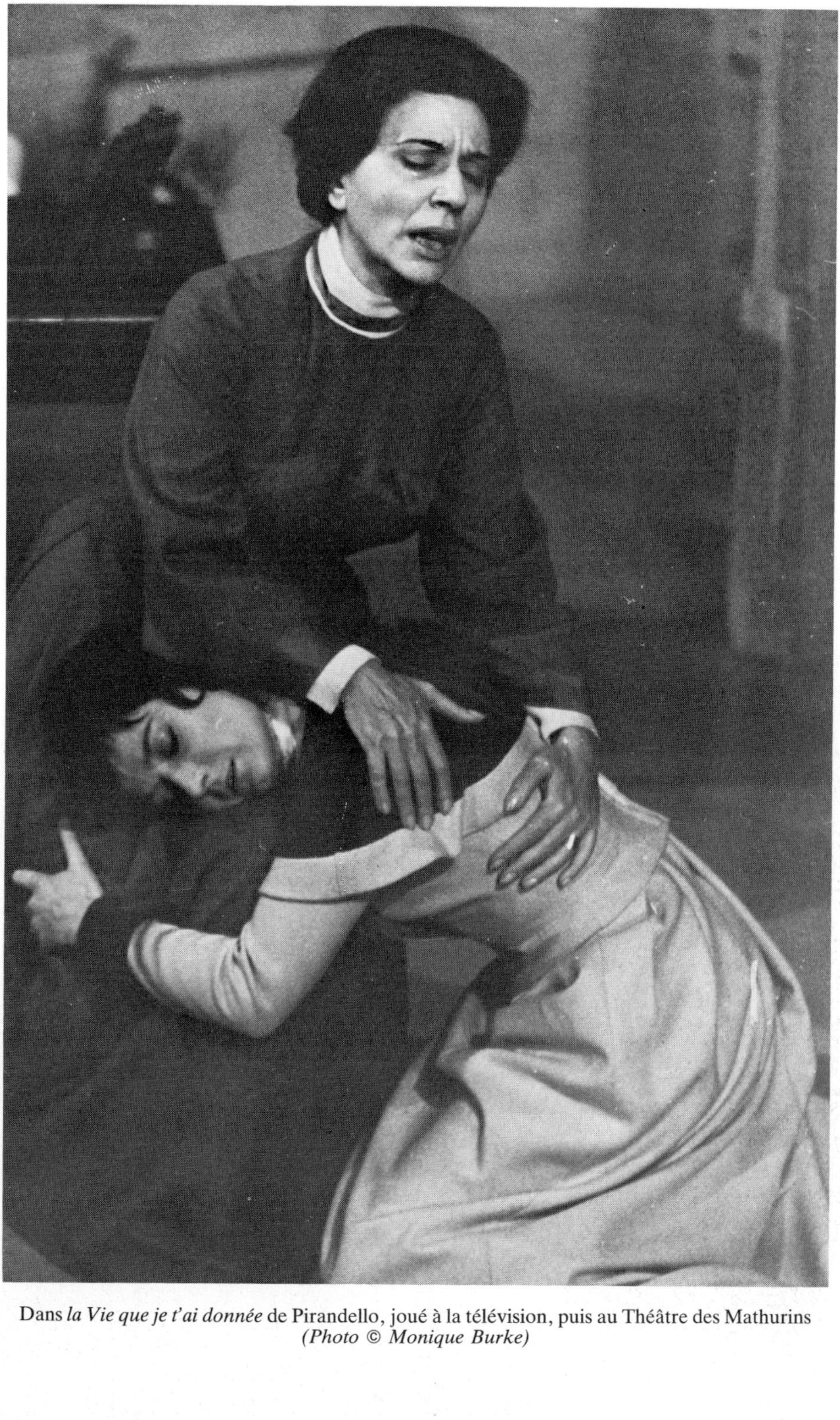

Dans *la Vie que je t'ai donnée* de Pirandello, joué à la télévision, puis au Théâtre des Mathurins
(Photo © Monique Burke)

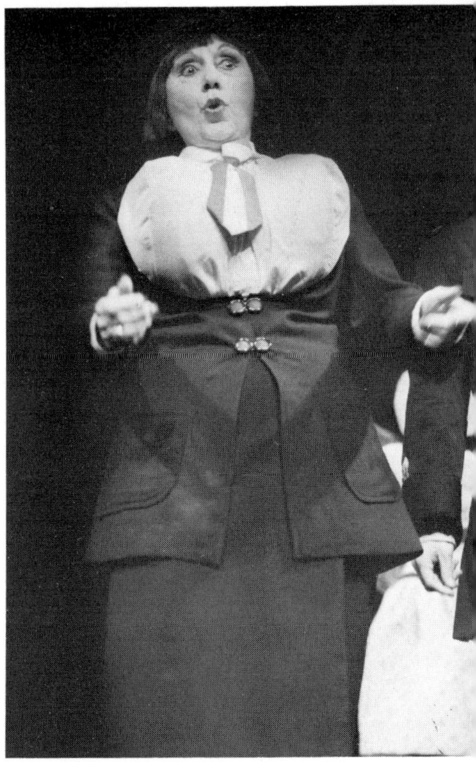

Caricaturée par Morchoisne pour « Les grandes gueules » de *Pilote*. *(© Morchoisne)*

De gauche à droite et de haut en bas :

J'obtiens le premier prix de ressemblance, déguisée en Marcel Proust, pour un concours de *Jours de France. (D.R.)*

Madame la ministre, dans *Super Dupont* de Savary, donné à l'Odéon, puis au Casino de Paris. *(Photo © Bernard Rouffignac)*

Déguisée en clown (« Elle est capable de tout, même de faire le clown ») et en Charlot pour *Télé 7 jours. (Photo Canu-D.R.)*

Folcoche, dans *Vipère au poing,* réalisation de Pierre Cardinal, d'après le roman de Hervé Bazin.
(Photo Michel Jeanneau © Le Parisien libéré)

Dans *Tous ceux qui tombent* de Beckett, mis en scène par Mitrani.
(Photo Jean-Claude Colin © Télé 7 jours)

J'assiste à un grand gala, coiffée d'un chapeau en forme de serpent, créé par mon ami Jean Bartet.
(Photo Barthélemy © Sipa Press)

Dans *la Cousine Bette,* au musée Balzac, rue Raynouard, à Paris,
avec le moulage de la main de Balzac posé sur *la Comédie humaine*.
(Photo © Télé 7 jours).

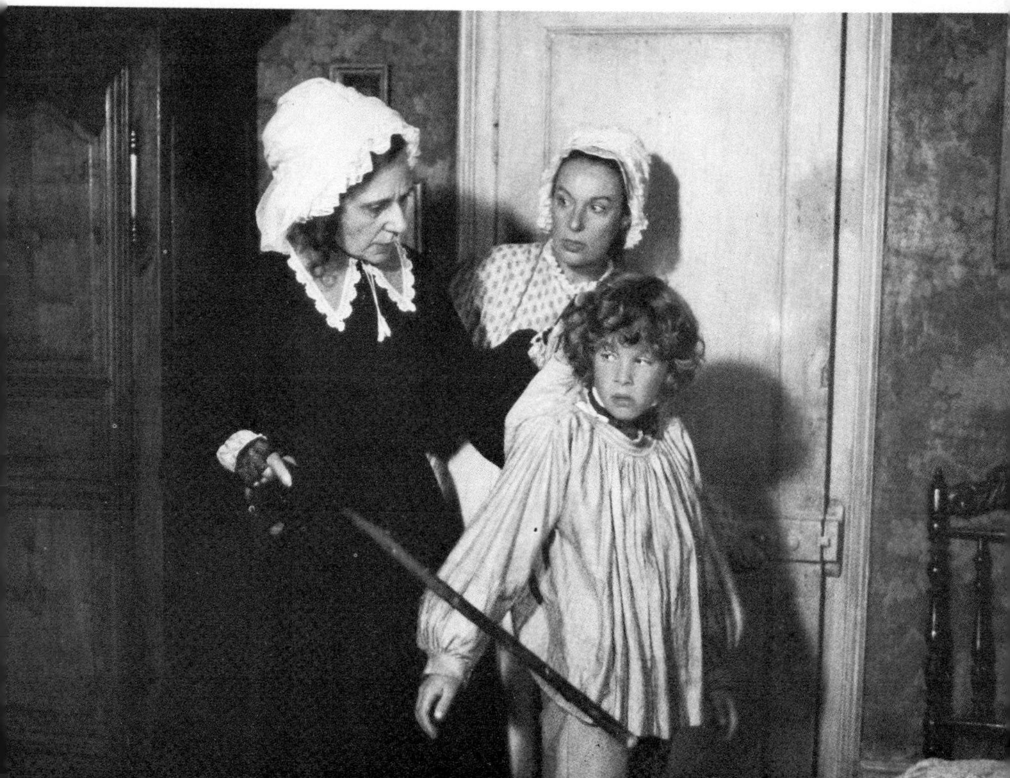

Avec Bernadette Lafont et le petit Charles, dans *Un bon petit diable* de la comtesse de Ségur, mis en scène par Jean-Claude Brialy. *(D.R.)*

Marie Besnard dans le banc des accusés, interrogeant son avocat (Vincent Gauthier).
(Photo R. Rutman © TF1)

Chez moi. *(Photo © Télé 7 jours)*

me servaient de dérivatif, d'exutoire. Je les considérais comme mes soupapes de sécurité.

J'ai l'air d'éprouver de l'attirance pour la mauvaise qualité. Plus facile d'accès, elle m'égaie et me divertit. Mais j'avais conscience que cet entourage, une fois le rideau tiré, ne m'aurait rien appris, ni dans un sens ni dans l'autre. Et puisque je ne me sentais ni contaminée par sa présence, ni atteinte, pourquoi ne pas profiter un peu de ces bêtises, comme on rit au deuxième degré d'une mauvaise pièce ?

Je n'engageais pas mon capital, et cela ne mangeait pas de pain.

De toute manière, j'ai eu vite fait le plein. Quand j'ai vu qu'on me débordait, j'ai commencé le tri.

Laxiste et patiente, j'attends souvent que la coupe soit pleine. Puis à la moindre goutte d'eau en trop, je mets un point d'arrêt. Crac, boum, stop ! Evidemment, la manœuvre paraît brutale. Mais je n'ai pas le caractère à faire dans la nuance. Rien d'ailleurs dans ma vie n'est nuancé.

Jean-Louis Bory, mon ami, qui avait mille tendresses pour moi, m'incitait à mettre une sourdine :

— Apprends à dire adorablement non.

Je n'ai jamais pu. J'ai toujours dit non, ou oui. Mais je ne finasse pas. En contrepartie de ce défaut, on peut compter sur moi. Je suis solide comme un roc. Aucune hypocrisie dans ma façon d'être. Je n'utilise jamais de faux-fuyants.

Bory m'a quittée, que j'aimais tendrement. Avec lui, j'ai perdu un frère. Je l'ai très bien connu, et je suis peut-être la seule à pouvoir donner de lui un portrait juste. Je crois qu'il est temps.

Je le définis comme un être d'une grande politesse parce que jamais, jusqu'à la dernière minute, il ne nous a permis de percevoir qu'il était, comme beaucoup, fondamentalement malheureux. C'est là ma conception de la vraie politesse.

Il arborait un visage serein. En réalité, il s'agissait d'un masque dissimulant des blessures, des cicatrices, des plaies. Mais comme il le portait toujours, nous ne pensions pas à le lui retirer. De plus, il rayonnait d'une joie communicative.

Il nous offrait l'image d'un homme heureux, vivant dans l'aisance, jouissant d'une notoriété, affirmant librement son homosexualité. Toujours gai, il nous accueillait le dimanche à Méréville, petit bourg anodin mais charmant, qui reste dans mon souvenir comme un lieu surprenant, extraordinaire, unique grâce à la présence de Bory qui constituait notre pôle d'attraction et n'invitait chez lui que des gens intéressants — jeunes et moins jeunes.

Bory me manque terriblement. Il était non seulement mon compagnon de travail, mais ce frère bienveillant qui me servait de bouclier contre les agressions, car on m'attaquait beaucoup.

Peu fétichiste, je n'ai pas le goût d'aller sur les tombes. Passant l'autre jour par Méréville avec un serrement de cœur, j'ai pensé à faire un détour pour revoir cette maison dans laquelle nous avions partagé tant d'instants formidables. Puis j'ai rejeté l'idée, de crainte que les arbres ne me parlent plus. Je conserve ainsi ce paysage intact dans ma mémoire.

Bory me touchait par cette fragilité que je devinais, et que je dois être l'une des rares à avoir pressentie. Il me donnait l'exemple d'un demi-ratage, car il rêvait d'être Balzac ou Eugène Sue, et savait pertinemment qu'il n'était ni l'un ni l'autre. Ce qui probablement l'a poussé, en revanche, à observer toute sa vie un comportement exceptionnel. Mais je ne soupçonnais pas la profonde détresse qui était la sienne, et que je découvre aujourd'hui, cachée derrière les lignes, en relisant *Ma moitié d'orange*.

La gaieté et l'enthousiasme qu'il avait la pudeur d'affecter en permanence n'ont pas résisté, semble-t-il, à un drame sentimental. Par amitié pour lui, prise d'un coup de colère, j'ai un jour insulté l'objet de son chagrin et de ses nuits blanches, à mes yeux parfaitement inintéressant. Bory l'a dédouané.

Je constate, à cette occasion, qu'en amour, c'est toujours pour des êtres qui n'en valent pas la peine que les choses se dérangent, prennent une autre dimension. On met tout en balance pour quelqu'un qui ne le mérite pas, et on se tue pour une peccadille. Jamais pour une beauté, ni pour Einstein.

Encore une fois, peut-on porter un jugement ? Je ne le crois pas. Certaines rencontres se produisent quand elles ne le devraient pas. La route de Bory a coupé celle de ce garçon à un mauvais moment. En d'autres temps, il aurait peut-être surmonté la catastrophe. Là, déjà exsangue, il n'a pas eu la force de lutter.

J'en éprouve une peine incommensurable. Sa mort me révolte. Je sais que ça ne sert à rien, mais je me demande parfois dans quelle mesure nous, ses amis, n'avons pas commis un homicide involontaire.

Il est resté longtemps malade, hospitalisé. Souffrant d'insomnies épouvantables, il ne dormait plus. Bien sûr, je lui rendais visite, mais ce regard si triste qu'il m'adressait quand je repartais de cette clinique sinistre, des environs de Paris ! J'avais mon emploi du temps, mais nous étions si proches... Peut-être, si je l'avais hébergé... Je sais qu'on ne peut rien pour autrui, mais le remords me ronge.

La mort de Gilles Sandier — tout l'opposé de Bory, et que j'avais d'ailleurs connu par son entremise — a été en revanche tellement brutale que je réalise difficilement qu'il n'est plus là. Dînant, il y a peu, dans l'immeuble qu'il avait habité, je me suis retenue de sonner à sa porte.

Lui, je l'aimais pour d'autres raisons. Sanguin, vitupérant, claironnant, il adorait le théâtre, et je l'accompagnais souvent dans les salles, lui reprochant son goût pour ce que je qualifie de « mauvaise modernité ». Le « toc ». Je m'estimais plus professionnelle que lui. J'en veux pour preuve que ceux que j'admirais, moi, à l'époque, depuis ont réussi. Ceux qu'il prônait, à ma connaissance, n'ont pas fait d'éclats.

Cher Sandier, nous étions souvent en désaccord. Je m'ennuyais parfois en t'escortant dans tes théâtres de « là-bas » (de la périphérie). Nous écoutions et regardions rarement la même pièce, car je me méfiais de tes engouements et de tes partis pris. Tu te tenais sur l'estrade, la règle à la main, devant une élève récalcitrante. Mais soudain ta fougue et ta dialectique savaient titiller ma mollesse d'esprit, et tu m'embarquais dans ton univers flamboyant.

Personne n'a eu autant d'ardeur à dépister le talent. Tu brûlais ce que tu adorais, disait-on. Foutaises ! Tu avais raison, car les embûches de la célébrité sont souvent diaboliques et parfois à l'encontre de la création artistique. Tu comparais la célébrité à une bosse. Ta générosité te portait à croire à un monde meilleur, plus juste. Combien j'aimais tes illusions !

Après un dîner joyeux avec des amis où la

discussion sur l'art allait bon train, je t'ai trouvé quelques heures plus tard sur ton lit, silencieux. Pourquoi ce départ ? J'en veux au destin qui nous prive de ton cri. Dans un monde sinistre et morose, ta clameur était notre espérance.

Bory et Sandier partis, il me reste quand même quelques amis fidèles. Anne Vernon, l'ex-femme de Badinter, une fille drôle, charmante, jolie, qui continue à jouer la comédie dans son salon après avoir abandonné une carrière au théâtre pour se lancer dans la peinture. Ou Sabine de Bonneval, qui reçoit merveilleusement et m'annonce toujours, par délicatesse, qui je rencontrerai chez elle. Mais à quoi bon citer des noms ?

Plus vigilante maintenant, je choisis de ne conserver dans mon proche entourage que des êtres que je crédite d'une grande noblesse parce qu'ils se montrent tels qu'ils sont, sans chercher à paraître. Même au prix de la simplicité, je n'ai envie que d'authentique. Tant mieux si, en prime, j'obtiens le raffinement.

Qu'on me pardonne ma franchise, mais je ne retiens dans ma thébaïde que la qualité. J'ai fait, tout au long de mon existence, dans tous les domaines, trop de concessions qui ne m'ont pas réussi ou m'ont coûté très cher. Il me reste peu de temps. A présent, c'est fini.

Mes amis le savent et me protègent. Il ne leur viendrait pas à l'esprit de me forcer. Par rigueur professionnelle, j'accepte, naturellement, les dîners de travail ou d'affaires. Sur le plan personnel, plutôt que de perdre mon temps dans une soirée dont je sais à l'avance qu'elle ne pourra rien m'apporter, j'aime mieux rester chez moi, au milieu de mes livres, à écouter de la musique ou regarder la télé, avec mon téléphone à proximité.

Cela me repose de tous ces numéros que des inconnus se croient obligés de m'imposer, et qui ne m'intéressent pas. J'ai besoin de m'alimenter l'esprit, mais je n'éprouve pas de plaisir à circuler en public au milieu de gens impossibles.

Quand on m'invite, je demande la liste. Je pourrais mentir, prétexter que je ne suis pas libre, quand je sais que je vais me trouver face à des personnes qui ne m'aiment pas, qui vont m'agresser ou me poser des questions stupides auxquelles je répondrai de manière désagréable. Je préfère dire :

— Excusez-moi, je ne viendrai pas.

Pourquoi m'exposer à des tensions inutiles ? Mes journées sont très pleines. Je travaille énormément. Quand je sors, par exemple, de deux heures avec Bouvard pour « les Grosses Têtes » (qui, contrairement à ce qu'on croit, n'est pas une émission facile : il faut faire rire, louvoyer en permanence, en présence du public, sous la chaleur des projecteurs), je n'ai qu'un désir, dîner gentiment avec ma nièce et son copain dans un restaurant où j'ai mes habitudes, comme *le Bœuf sur le toit.*

On a souvent voulu me coller une étiquette de mondaine, ce qui m'énerve un peu. A l'évidence, de par ma profession, je connais beaucoup de monde. J'ai aussi partagé pendant vingt-cinq ans l'existence d'Hanoteau, grand reporter à *Match,* le plus prestigieux à l'époque des hebdomadaires français. Du fait de ma célébrité, il est normal qu'on me repère lorsque je me rends quelque part. Mais si j'avoue que j'apprécie, de temps à autre, un dîner chez Maxim's ou autre lieu du même ordre, je maintiens par contre que mon idée du divertissement quotidien est beaucoup plus simple. Mes mondanités, en réalité, je les fais chez Lipp ou au Flore, devant une sole, ou une tasse de thé. Et ce, depuis toujours.

Il m'arrive d'y trouver des individus bizarres. Un ami m'a ainsi présenté un jour un homme qui, selon lui, avait « fait le coup du train postal ».

A propos de bandits — là c'était en compagnie de Tisot, à Nice où nous assurions la promotion de je ne sais quel mauvais film — nous avons été véhiculés durant plusieurs jours par un type d'assez mauvais aloi. Hâbleur, il nous cornaquait d'un endroit à l'autre, tout en se pavanant :

— Tu comprends, le mois dernier Un tel est venu sur la Côte...

Et de nous citer le nom du plus grand acteur de New York ou d'ailleurs, en nous expliquant qu'il avait interdit à quiconque de le photographier.

— Mais toi, Madame Alice, je veux que tu aies tous les reportages.

Agacée, terrifiée par le bagout suffisant de ce garçon insupportable qui roulait les mécaniques en jouant les maffiosi, je me contentais de fumer, balançant mes cendres par la vitre ouverte, et de donner de temps à autre un coup de coude à Tisot pour lui prouver mon mécontentement.

Véritable épreuve dont j'ai vu la fin avec soulagement.

Et puis un jour, quelques années plus tard, Tisot m'a appelée :

— Tu te souviens de ce gars que nous avions rencontré, et qui te couvrait d'éloges, le Niçois ?

— Le guide ? Encore un mytho, vraisemblablement. Tu sais bien que je les attire.

— Celui-là, ma chérie, s'appelait Spaggiari.

Tisot correspond parfaitement à ce que j'attends

d'un ami aujourd'hui. Ce soir, il va venir me chercher. Quand il m'a invitée à dîner, je lui ai dit :

— D'accord pour un poulet-salade avec un ou deux copains. C'est le plus grand plaisir que tu puisses me faire.

On va s'asseoir dans sa cuisine et passer une excellente soirée. Il me fera rire en me racontant mille anecdotes sur des gens que nous connaissons, ou sur la politique, puisqu'il se branche là-dessus actuellement.

Intelligent, Tisot a ses défauts. Je suis restée brouillée avec lui un temps parce qu'il m'avait critiquée un soir de première, me reprochant d'avoir accepté un rôle dans une pièce médiocre. Elle l'était assurément. Mais ignorant encore si cette petite gugusserie allait marcher, je l'ai mal pris. Comme des mois durant nous avons fait salle comble, j'ai fini par lui pardonner d'avoir, en me condamnant, renforcé mes angoisses. Face au succès, la raillerie perd de son importance.

Tisot, malgré les apparences, est un être très tourmenté. Ce qui lui plaît, dans la politique, c'est de travailler sur la chair humaine, et de se glisser en quelque sorte dans une nouvelle peau. Par définition économe, car fils de pâtissier (il faut pouvoir, le lendemain, resservir les crèmes de la veille... Il me doit par ailleurs le titre de son livre), il a su progresser dans l'existence en s'emparant du meilleur des autres. Il se nourrit de relations comme un Harpagon de son or. Je l'ai vu, par exemple, cultiver un temps Hélène Perdrière, cette actrice exquise, parce qu'elle avait un goût très sûr pour les objets. La jugeant plus fortiche que lui dans ses choix, il l'a accompagnée dans les salles de vente, achetant pour lui-même, par la même occasion, sur ses conseils. Il habite ainsi aujourd'hui un délicieux petit palais.

J'imagine aussi bien qu'il percera bientôt en politique, même s'il a dans ce domaine des idées que je ne partage pas. Car outre cette aptitude à prendre systématiquement chez autrui ce qui peut lui servir, il fournit surtout un énorme travail. Voici maintenant qu'il apprend l'hébreu. Je me demande un peu où ça le conduira.

Je l'aime parce qu'il m'étonne. J'ai bonne envie, ce soir, de profiter un peu de lui. Peut-il m'en vouloir, lui qui profite de tout ?

A part lui, je ne fréquente guère les gens de mon métier. Le plus souvent, les comédiens me déçoivent parce qu'ils ne sont, précisément, que des comédiens. J'apprécie ceux qui savent dépasser leur fonction.

Ainsi je vois avec plaisir Brialy, à qui je dois des équipées mémorables. Avec lui et Bernadette Lafont, j'ai vécu récemment une nuit fantastique en Belgique, chez un garagiste flamand, qui s'offrait une fête pour célébrer à la fois les trente-cinq ans de son entreprise et ses noces d'argent.

Mon Bri-bri, comme je dis, m'avait si bien vanté les charmes de cette escapade en terre étrangère que je me croyais invitée à quelque royale réception. Et je me suis retrouvée dans un bled où nul ne parlait ma langue, ni même ne me connaissait — pas plus que lui, ni Bernadette d'ailleurs.

Le type en question avait dû mobiliser toutes les « girls » de la région et dévaliser les boutiques de lampions pour transformer son garage en théâtre du Lido. Il y avait même une chanteuse de genre à trémolos, avec en prime un accent à couper au couteau, qui tentait d'imiter Piaf. Raffinement suprême, notre hôte s'est payé le luxe de danser au milieu des filles pour se faire applaudir par ses stars parisiennes.

On nous avait relégués tous trois à une petite table. Personne ne nous a adressé la parole. Découvrant l'univers dans lequel Brialy nous avait bombardés, j'avoue que j'ai d'abord redouté le traquenard. Mais, pour une fois, on ne nous demandait pas d'être les vedettes du spectacle. Est-ce le manque d'habitude ? Nous avons rigolé comme des fous.

Plus récemment, j'ai encore suivi Brialy lors d'un festival qu'il organisait pour la ville d'Angers. Là aussi j'ai constaté que sa manière de vivre procède d'un réel savoir-faire. Seuls les nigauds ou les imbéciles songeraient à lui reprocher d'en faire trop. Il se contente de donner la juste mesure de son exceptionnel éclat. Mille-pattes capable d'enjamber des montagnes de difficultés, il emporte l'adhésion par sa faconde et son charisme. Et nul ne lui résiste.

Il dérange. Alors quand il déclare adorer Arletty, on l'accuse de s'intéresser aux vieilles stars. Qu'importe ? Comme lui, j'observe que celles qu'il aime ont surtout beaucoup de talent.

Je nous considère comme jumeaux, sur bien des plans. Tous deux nous recherchons l'unique, l'exceptionnel. Dans son discours qui marquait l'ouverture de cette manifestation, il a remarqué, devant François Léotard, avec humour, qu'il en était, depuis le début de sa carrière, à son huitième ministre de la Culture. J'en déduis qu'il revendique, comme moi, de ne se lier à aucun parti. Nous pouvons survivre à tous les régimes car nous ne dépendons que d'un seul : le nôtre.

En dehors de ceux que je viens de citer, je compte peu d'amis dans mon métier. Sans doute parce que nous sommes, pour la plupart, beaucoup trop occupés pour avoir le temps d'entretenir des relations.

Par timidité de ma part également, et probablement par paresse. Le temps d'un tournage, on forme une famille. Et puis on se sépare en promettant :

— Je t'appelle !

On le fait rarement. Quelquefois, je le regrette :

— Un tel... dommage ! Nous avons pourtant passé de bons moments ensemble dans la roulotte !

Je préfère, pour ma part, qu'on me téléphone. Peut-être que les autres aussi.

L'usage veut qu'on s'embrasse trois fois. J'ignore la raison de ce chiffre, mais je m'exécute. Je sais en outre qu'il ne faut pas trop attendre de l'amitié, dans notre profession. On n'est jamais ni tout à fait ami, ni tout à fait ennemi.

Mais ceci est une autre histoire. Je lui réserve les prochains chapitres.

7

J'ai une approche de mon métier tout à fait personnelle car mon mode de communiquer avec autrui m'exclut très souvent d'un milieu ou d'une société, et *a fortiori* de mon art. Ma manière d'être, de voir, prend dans ce domaine une importance capitale.

Mon métier, je l'ai conçu à l'âge de seize ans, d'une façon peut-être un peu enfantine à l'époque : je voulais être vedette. Mais vedette alors, dans mon esprit, signifiait unique en mon genre, parce qu'il n'est d'art qu'individuel. Le pianiste est en contact avec son piano, le violoniste avec son violon, l'acteur seul avec lui-même pour projeter ce qu'il ressent.

Et pour moi subsiste toujours ce problème qui m'a agitée dans le temps, quand j'ai passé une audition chez Dullin pour Mara de *la Jeune Fille Violaine :* je sais m'être montrée assez extraordinaire, dans cette audition. Même aujourd'hui, je ne doute pas de l'impression que j'ai produite sur Dullin. Cependant il a lâché une phrase qui m'a torturée très longtemps :

— Ma petite fille, tu es très bien, ta scène tout à fait au point. Tu as un tempérament. Mais je ne t'engagerai pas, car tu n'es pas une actrice de troupe. Or moi, j'ai une troupe, et dans cette troupe tu n'as pas ton utilité.

Le toit du théâtre de l'Atelier me tombait sur la gueule.

Je pensais : « Il se contredit. S'il me trouve bonne, pourquoi ne me prend-il pas ? »

Je connaissais mes dons, ayant toujours eu le plus. Je me savais hors norme. Mais j'essayais désespérément de me couler dans le moule. Anormale, je voulais devenir normale. C'était mon erreur.

J'ai mis des années à comprendre ce que Dullin avait voulu dire, car lui m'avait perçue ainsi.

Jean Cayrol, l'écrivain, ami de Bory et qui m'aimait bien, a plus tard formulé une remarque qui m'a beaucoup troublée également :

— Tu es un arbre, autour duquel il faut d'abord construire le patio et ensuite la maison.

Sans doute l'un comme l'autre avaient-ils raison.

Voilà en tout cas ce qui explique que j'aie rencontré au départ tant de difficultés pour m'insérer dans ma profession, car j'ai vécu des débuts dramatiques.

Je suis née solitaire, et dans ce théâtre destiné, par définition, à favoriser la communication, je ne trouvais qu'un vêtement qui ne me convenait pas, qu'incompréhension chez les metteurs en scène. Incapable par nature de me soumettre aux lois de la troupe, je n'ai pas eu les grands moments que j'espérais du théâtre parce que face à moi, à chaque fois, les metteurs en scène se trouvaient dépaysés. Ils s'efforçaient de me dicter leur volonté. Et moi je me révoltais.

Tout mon début de carrière a souffert de ce malentendu.

Ainsi après une tournée pour *l'Echange,* la pièce de Claudel, avec Sacha Pitoëff, je rentre à Paris où je reprends les *Dialogues des carmélites,* de Bernanos, monté par Marcelle Tassencourt. Enthousiaste, Pitoëff vient me féliciter à l'entracte et me propose :

— J'ai un projet pour toi. Je vais monter *les Trois Sœurs,* et je te réserve le rôle de l'aînée, Irina.

Nous commençons à répéter. Trois jours passent. Sacha surgit dans ma loge, m'invite à prendre un verre :

— Alice, je suis ennuyé parce que tu n'observes pas mes indications. Je voulais te demander d'être un peu attentive demain.

— Pourquoi veux-tu que je t'écoute ? On n'en est pas là. Je ne peux pas, en trois jours, entrer à fond dans mon personnage. On n'a d'ailleurs même pas les costumes.

— Exécute au moins les gestes ! Si je te dis de poser la tasse, fais-le !

— Soyons sérieux ! Si tu me suggères d'aller à gauche, j'irai à gauche. Mais pour ce qui est de la tasse, je m'en occuperai le moment venu.

— Pas question !

— Eh bien, si tu l'entends comme ça, je te rends ta brochure. Va te faire foutre !

Sacha, naturellement, m'a remplacée. Et cette pièce admirable a remporté sans moi un grand succès au théâtre de l'Œuvre.

J'ai vécu là un déchirement. Mais je suis comme

ça, incapable de m'incliner tant que je ne suis pas en possession de mon rôle.

Je pourrais, sur ce thème, accumuler les anecdotes. Car, des années durant, mes rapports avec les metteurs en scène ont été désastreux. Ceux qui m'aimaient me traitaient d'emmerdeuse. Les autres m'accusaient d'être mauvaise comédienne.

Au point que je finissais par me complexer. A la vérité, leurs exigences provoquaient chez moi un déséquilibre et me rendaient boiteuse. Difficile de paraître bien dans sa peau quand on saute sur une patte. Du coup, on hésitait à m'engager.

Mes rapports avec Raymond Rouleau, qui m'avait pressentie pour jouer dans *la Descente aux enfers,* de Tennessee Williams, illustrent parfaitement ce propos.

La pièce comportait sept rôles de femme. Rouleau me fit faire plusieurs essais, sans jamais se montrer totalement satisfait.

Cette comédie ayant duré plusieurs jours, je finis par demander :

— Je voudrais savoir, monsieur, si je dois revenir demain.

— Absolument, Sapritch. Vous me donnez bien le *la*, mais il me manque encore le mauve.

Faute de saisir totalement le sens de cette remarque somptueusement hermétique, je suggérai :

— L'un de ces rôles est précisément pour moi, mais vous ne me l'avez pas proposé. Laissez-moi vous le lire.

— Jamais !

Je suis partie sans me rebeller, considérant qu'en tant que metteur en scène il était dans son droit, mais les larmes aux yeux, car ce jour-là j'avais désespérément besoin de travailler.

Il m'a refait un numéro du même genre, quelques années plus tard. Après mon succès dans *la Cousine Bette,* il voulut me voir. J'acceptai le rendez-vous au théâtre du Gymnase.

Ma méfiance s'éveilla en l'entendant interpeller son assistant :

— Jacques, tu as la brochure ?

Comme il tendait la main pour l'attraper, je me suis dressée d'un bloc, aussi raide que la statue du Commandeur, et l'ai toisé :

— Cette fois, je ne céderai pas à votre sadisme !

— Pardon ?

— Vous n'allez pas recommencer et me demander encore de lire.

— Mais il faut bien que je connaisse le son de votre voix !

— Vous avez eu tout loisir, voici cinq ans. En outre, il vous suffit de tourner le bouton de votre poste un soir pour vous faire une opinion. J'imagine que si l'Etat français a jugé bon de risquer des dizaines de millions dans cette production...

— A la télévision c'est très différent. J'ai besoin de savoir qui j'engage.

— Par votre métier, vous devriez déjà avoir un jugement sur moi. Si ce n'est le cas, nous n'avons rien à faire ensemble.

Fâché, il m'a lancé :

— Je ne travaillerai jamais avec vous !

Ce à quoi j'ai répliqué :

— Je m'en consolerai. Dans le temps, j'aurais volontiers balayé la salle pour vous faire plaisir. Aujourd'hui, c'est moi qui dis non !

On s'est revus plus tard, chez un ami commun. Et comme je le saluais gentiment :

— Vous savez, Rouleau, je ne vous en veux pas !

Il a estimé nécessaire de m'expliquer qu'il avait raison. Le fait est qu'il ne peut pas travailler différemment. Mais ce genre de méthode ne me convient pas. Je trouve tellement grotesque qu'on prétende se faire une opinion sur un acteur par la simple lecture de deux phrases tirées de leur contexte !

Je sais qu'on peut aborder un rôle de diverses manières. J'ai des camarades qui apprennent en répétant. Mais en ce qui me concerne je n'ai jamais eu qu'une technique pour construire un personnage : brique par brique, comme une maison, et en creusant d'abord les fondations. Rouleau, comme beaucoup d'autres, me demandait de commencer par le toit.

Lentement le puzzle se met en place. J'ai besoin d'un certain temps pour me pénétrer de mon sujet, m'effacer devant lui, l'alimenter jusqu'à ce qu'il prenne vie. Tant que je n'ai pas trouvé les mots qu'il va prononcer, sa démarche, il ne sert à rien de vouloir me faire agir comme un automate.

C'est seulement quand il « tient debout », comme je dis, qu'il peut prendre son envol. Dans *Tous ceux qui tombent,* ce merveilleux texte de Beckett mis en scène par Mitrani, je jouais le rôle d'une femme obèse avançant avec difficulté au bras de son mari aveugle, sur une route. Des semaines durant, j'ai cherché le timing, et je ne l'ai obtenu qu'au dernier moment, en trouvant comment cette femme devait poser le pied. On ne se déplace pas de la même façon quand on pèse cent kilos. Par là, j'entrais vraiment dans sa peau. C'était si clair que le réalisateur en a immédiatement tiré parti en faisant débuter le film par un gros plan sur mes chaussures.

J'ai évolué, naturellement, au fil des années. Le

costume me donne parfois des indications. Ainsi pour *Super Dupont,* Savary m'a dessiné un jour, sur un coin de table, au dos d'une vieille enveloppe, une silhouette de femme avec d'énormes faux seins. La vue de sa tenue m'a suffi.

Dernièrement, pour transcrire Marie Besnard avec ce mimétisme dont on m'a tant félicitée, je me suis essentiellement inspirée de son regard. J'avais à ma disposition, comme on s'en doute, de nombreux documents. Je ne les ai même pas consultés, ne m'occupant que de son portrait pour mettre au point le jeu intérieur. Le déclic s'est fait sur la photo.

En général, je me débarrasse très vite du texte. L'enregistrer m'ennuie prodigieusement. Je demande d'ailleurs qu'on m'aide à le mémoriser.

Autrefois, je me promenais beaucoup dans la rue. Aujourd'hui moins. Je m'enferme plutôt dans ma chambre pour réfléchir à mon rôle. Je lis peu. Sans toujours brancher le son, j'appuie sur le bouton de ma télévision et me gave d'images. Ou je me berce de musique. La *Neuvième Symphonie* de Mahler me détend, me procure un plaisir extraordinaire. Je ne connais rien de plus beau que l'adagio.

Je n'interviens pas dans le travail de l'auteur à qui je fais totale confiance. Il me sert de support pour m'intégrer dans cet être que je veux suivre depuis sa naissance jusqu'à sa mort.

C'est parfois assez troublant. Je me perds un peu entre la réalité et la fiction. Le va-et-vient incessant que cela m'impose me fatigue. Certains personnages se révèlent très envahissants. Ceux de Pirandello, entre autres. Folcoche aussi, Marie Besnard... Ce sont pourtant ceux que je préfère car, bien que difficiles, ils ont une construction dramatique intérieure qui peut me porter. Les stéréotypes ne m'intéressent pas.

Avant de me lancer dans cette gymnastique qui me permet de doter d'une âme une héroïne qui n'existe encore qu'à l'état de lignes sur le papier, j'attends naturellement de mon metteur en scène qu'il m'explicite sa vision, son désir. A moi ensuite d'accorder mon violon. Je refuse, en revanche, qu'il aille jusqu'à me définir les intonations. Son rôle est de me diriger, mais je prends en charge mon personnage. A chacun sa fonction. Un chef d'orchestre se contente de tenir sa baguette, sans prétendre manier aussi l'archet.

Mes démêlés avec les metteurs en scène m'ont poussée, sans que je l'aie réellement souhaité, à faire une carrière de franc-tireur. J'ai beaucoup joué dans des salles comme celles de l'Alliance française ou de la Huchette, où les spectateurs se comptaient souvent sur les doigts de la main. Je garde un excellent souvenir de mes sketches dans ces spectacles poétiques ou burlesques que j'appelais mes « Arts-dramas », à l'occasion desquels j'ai rencontré nombre de metteurs en scène ouverts, pour leur part, à toutes les innovations.

A Paris, comme en tournée, j'ai, bien sûr, participé également à des spectacles qui marchaient très fort.

Un clochard dans mon jardin, que j'ai interprété avec successivement, pour partenaires, Doris — excellent — et Proslier — délicieux — reste dans mon esprit l'exemple type de la pièce exécutée dans la bonne humeur et la joie. Grâce à un texte d'une grande gentillesse, celui de Moreau, le directeur, et à des acteurs capables « d'enlever le morceau », selon notre jargon, la mayonnaise a pris. Nous avons remporté un triomphe en province. Et j'ai passé avec bonheur deux ans au théâtre des Nouveautés.

Mais pour moi un succès de ce genre procède du miracle. Je ne pense pas qu'on puisse bâtir une carrière comme on prend des billets de loterie.

J'ai fait la mienne, on le sait, grâce à la télévision.

Même si je me répète — car je l'ai expliqué bien souvent dans mes interviews — je voudrais préciser, insister sur le fait que cet instrument n'a pour son compte rien de miraculeux. Simplement, si la télévision m'a sortie du néant, c'est que j'ai eu là, pour la première fois, la possibilité de choisir moi-même mes rôles, mes personnages, mon équipe, en un mot d'imposer ma personnalité.

Certes le hasard est intervenu quand on m'a proposé d'aller à Alger. A ma connaissance, toutes les réussites, dans notre métier, se fondent comme la mienne, au départ, sur un remplacement.

Puis Albert Ollivier, en me demandant : « Que voulez-vous jouer chez nous ? », m'a effectivement donné ma chance. Aucun directeur de théâtre ne m'a jamais posé cette question. Sinon j'aurais répondu de la même manière : *le Lien,* de Strindberg. Et j'aurais également rempli ma tâche avec rigueur jusqu'à la limite de mes forces.

Peu importe. La télévision m'a débarrassée de mes complexes vis-à-vis du metteur en scène : je contribuais à l'engager. Sans être pour autant mon subordonné, il pouvait difficilement me renvoyer !

J'avais le soutien de la direction de la chaîne, je trouvais les sujets, les auteurs (mon cher Bory m'a longtemps écrit mes plus belles adaptations), c'était au metteur en scène de s'insérer dans mon univers, et non plus à moi de fournir l'effort de pénétrer dans le sien. Du jour où j'ai pu m'appuyer sur mes auteurs, entretenir avec eux une complicité au lieu de dépendre entièrement d'un metteur en scène, j'ai donné ma mesure et mon problème a disparu.

L'envie me prend d'ajouter, tant pis si je parais prétentieuse — fi des fausses modesties ! — qu'en tant qu'interprète de la cousine Bette, de Mme Frola, Mrs Rooney, Mathilde ou la Bonifàs, en incarnant les héroïnes de Balzac, Eugène Sue (revus par mon Bory), Pirandello, Beckett ou Ionesco à la télévision, j'ai apporté la preuve éclatante de mon talent.

Mais qu'on ne s'y trompe pas : il ne suffit pas de quelques apparitions, si prestigieuses fussent-elles, pour se voir consacrée vedette. La gloire, dans notre métier, n'est jamais définitive.

D'abord, avec des rôles aussi forts, j'ai quand même mis plusieurs années à devenir réellement connue. Tant qu'on ne retient pas la marque de fabrique, rien n'est joué. Tout est à refaire. Se souvient-on du nom de ces comédiens qui défilent régulièrement à l'écran dans des dramatiques ou autres séries ?

En outre, on n'est jamais seul responsable d'un succès. Brasseur expliquait :

— Tu prends un bon rôle, dans une bonne pièce, un bon théâtre, avec une bonne troupe. Et après, on parle un peu de toi.

Il n'y a pas de recette, mais on peut certainement définir quelques règles.

En ce qui me concerne, il me semble utile d'enfoncer le clou. Faire, bien sûr, mais aussi faire savoir. En d'autres termes, créer l'événement. A chaque fois, sur un long parcours — et je continue — je m'y suis appliquée. C'est assez compliqué.

Au départ, certains journalistes de la presse écrite

— Jacques Lemarchand, André Brincourt, Jacques Siclier, Robert Kanters... — qui exerçaient à l'époque une influence considérable — m'ont largement soutenue.

Dur métier, malgré tout, que celui de critique, même s'il a bien changé. Dans les années 60 j'ai eu plusieurs fois l'occasion d'accompagner mon vieux complice Bory à Cannes, lors du festival. Je le voyais à l'œuvre, au milieu de ses copains de l'intelligentsia. Le brillant, la drôlerie de ses papiers dans *le Nouvel Obs* le désignaient comme leur chef de file.

N'étant pas vedette à l'époque, je participais peu à ces joutes oratoires qui se livraient sur la plage. Mais j'observais passionnément. J'expérimentais le Paradis et l'Enfer. Et je ressortais à chaque fois de ces discussions houleuses assez chavirée par la manière péremptoire dont l'un ou l'autre avait, en quelques instants, décidé du succès ou de l'échec de tel ou tel film.

J'ai eu là l'occasion de prendre la dimension de la fragilité du critique par rapport à ce qu'il exprime. Il vit en effet dans une sorte de monde clos, où chacun doit rivaliser avec les autres et tenir compte de leur avis s'il veut prouver ses dons. Même un garçon aussi talentueux que Bory, considéré en raison de sa plume comme le maître du genre, se trouvait dans l'obligation de se surpasser pour maintenir constante la distance avec les « petits » désirant l'imiter, au détriment parfois du fond de sa pensée.

Je m'inquiétais de mes détracteurs. J'avais tort. Car ils ont cédé devant l'adhésion de mon public. C'est lui le juge ultime, le seul recours.

A propos, on me demande souvent, un peu naïvement :

— A la télé, il ne vous manque pas ?

Si je suis de bonne humeur, je réponds en rigolant :

— Vous oubliez que j'ai joué pendant vingt ans, au théâtre, devant des salles vides !

Je suis passée de quelques spectateurs à plusieurs dizaines de millions, et je ne m'en plains pas. Mais le nombre, Dieu merci, sur ce plan du moins, ne m'a jamais concernée. Evidemment, le comique a besoin du rire d'une salle. Mais pour mes propres rôles, souvent dramatiques, je préfère de loin le silence du vide aux murmures, toussotements ou raclements de pieds.

De toute manière, il serait faux de dire qu'on est seul face à la caméra. D'abord parce que, derrière l'appareil, il y a l'œil du cameraman qui voit, pénètre, ausculte. S'agitent autour les autres techniciens et le metteur en scène. Pour moi, la magie du premier tour de manivelle est bien supérieure à celle d'un lever de rideau.

Zut ! si je fais frémir d'horreur certains de mes confrères ou consœurs, acteurs — et bons acteurs — avec cette conception. C'est mon livre que j'écris et non le leur. Je ne cherche pas à généraliser, ni à établir une théorie. J'exprime simplement ce que je ressens.

J'éprouve un amour curieux pour cet engin mystérieux, apte à saisir l'instant. Mon cerveau comprend que mon image est projetée en même temps sur un écran devant des millions de spectateurs. Je n'ai pas besoin de les voir. Pour moi ils existent. Il me suffit de déchiffrer le regard de l'équipe qui m'entoure pour connaître leur réaction. Je ne me trompe pas : je sais bien si une prise est bonne ou non.

Je perçois beaucoup mieux mon public que sur

une scène de théâtre, puisque j'en suis plus proche. Si je tendais la main, je pourrais le toucher.

Il est plus difficile, en revanche, de parvenir à une bonne concentration sur un plateau. Mais avec l'habitude, je ne m'en soucie plus.

En fait, j'adore l'atmosphère de folie qui y règne. Ces machinistes qui passent, ces décors qu'on transporte, toute cette agitation.

On a écrit de superbes textes sur le théâtre, la scène, leur mystère. Mais la télévision me fascine plus encore. N'est-il pas normal d'aimer qui vous aime ? Je lui dois mon succès. Je suis née à ses débuts. J'ai grandi avec elle, bien que j'aie reçu au départ une formation théâtrale.

— Quel travail formidable ! m'a dit un jour Mauriac, de sa voix rauque. Un mois et demi, pour une seule soirée !

J'aime aussi ce côté éphémère. J'ai du mal à m'installer dans une troupe pour rejouer la même pièce, si elle marche, durant un, deux, voire trois ans. Mais je goûte la même satisfaction à décrocher le téléphone qui n'arrête pas de sonner après le passage d'une de mes émissions, qu'à saluer sous les applaudissements un soir de générale. D'autant que ceux qui m'appellent ne sont pas obligés de le faire.

Surtout rien ne me procure, comme le plateau, les sensations de la roulotte, cette maison qui voyage, symbole concret de ma dualité : penchant pour la sédentarité et goût du mouvement.

Quand j'ai tourné *la Cousine Bette,* à Joinville, sous la direction d'Yves-André Hubert (avec qui j'ai réalisé depuis *Marie Besnard*), j'ai passé mes plus belles vacances, le temps d'un été, assise sur une chaise, entre deux portants, à l'ombre d'un hangar qui me cachait le soleil, rêvant à mon personnage.

Je crois que c'est cela ma vie : ce rêve, que je me fabrique, et auquel viennent se lier la magie et l'angoisse.

Car à la télé, bien sûr, comme au cinéma, on travaille dans l'insécurité. Comment savoir, à la fin d'une journée, ce que vaudra l'œuvre? On ne visionne le montage qu'après des mois.

L'outil s'avère, malgré tout, quelquefois un peu lourd. J'ai dû me battre très longtemps avant d'obtenir le feu vert de la direction pour *Tous ceux qui tombent.* Plus récemment, *Marie Besnard* m'a demandé deux ans de travail.

Et le risque! Aujourd'hui moindre, puisqu'on met en boîte, le plus souvent. Mais longtemps j'ai tourné en direct, fournissant, avec cette technique, une bonne trentaine de prestations. Le faux pas ne pardonnait pas. Pas question de se rattraper le lendemain, ni de tabler sur les copains, comme en scène.

A l'écran, tout est perceptible de façon immédiate, tandis qu'au théâtre les premiers spectateurs restent quand même à une dizaine de mètres.

Le film d'aujourd'hui est plus sécurisant, dans la mesure où il offre la possibilité de reprendre une séquence, mais présuppose mentalement un exercice très dur : on attaque au milieu, passe à la fin, revient au début. Chronologiquement, on avance dans le désordre. Je n'apprécie pas beaucoup ce décalage horaire.

Et je me lasse assez vite quand on recommence les prises. Avec moi, les trois premières sont toujours les meilleures. Sans doute par habitude que ce ne soit pas enregistré, j'investis tout, tout de suite. Après, je me fatigue.

Quand la mécanique s'en mêle, que je vois se

pointer le travelling, je suis angoissée car je sais qu'il faut coupler l'image et l'acteur, ce qui n'est pas toujours facile. Mais les deux vont de pair.

Il y a naturellement dans le film, télévisé ou non, des scènes plus ardues que d'autres. Folcoche, je n'allais pas me faire pousser deux fois par les enfants dans la rivière. Et pour mon strip-tease de *la Folie des grandeurs,* je ne disposais que d'une robe à effeuiller tant l'élaboration de mes jupons était complexe.

Le péril surgit parfois où on ne l'attendait pas. Ainsi pour *la Bonifas,* la scène au cours de laquelle l'Allemand me viole dans la cave. Mon partenaire s'énervait sur moi d'une manière si abominable qu'il manquait m'étrangler. Cardinal a volé à mon secours et changé en hâte sa mise en scène.

Un bon réalisateur, en principe, pressent les difficultés et peut les aplanir. Mi-maquignon qui étudie sa bête, mi-médecin qui pose un diagnostic, il n'est pas *a priori* censé intervenir. Mais qu'un incident se produise, il doit se transformer sur-le-champ en secouriste.

Dans mon esprit, il endosse tous les rôles à la fois : confident, mari, amant, frère, ami. J'ai besoin qu'il se montre coopératif, et je préfère qu'il fasse partie de ma famille si je me trouve devant lui, en chemise de nuit, dans un lit, pour une scène intime.

J'avoue que, surtout maintenant, je n'ai plus aucune envie de travailler avec n'importe qui. Dans notre profession, je l'ai constaté maintes fois, on commet une erreur lorsqu'on s'écarte de ses amitiés.

Laissez-moi reprendre mon souffle, et je vais développer ma pensée.

8

A la télévision, j'ai toujours rencontré de bons réalisateurs, au cinéma comme au théâtre des professionnels discutables.

Il faut avoir travaillé avec eux pour savoir vraiment à qui l'on a affaire.

Ainsi quand Brialy m'a sollicitée pour jouer la mère MacMiche de son *Bon Petit Diable,* j'ai commencé par me montrer réticente. Quoique ne l'ayant jamais vu à l'œuvre sur une mise en scène, je ne doutais pas de ses qualités. Je manquais d'enthousiasme pour endosser un nouveau rôle de mégère car à l'époque ce profil me collait un peu à la peau.

Comme il a insisté, je me suis laissé convaincre. J'ai pensé : « Ça tombe bien, je vais changer de décor. Cherbourg est une ville agréable. On se trouvera à proximité, dans un petit patelin. Et puis on va rigoler avec Brialy. Il est très disert. Le soir, il nous racontera ses dîners en ville. »

Pas du tout. J'ai découvert un chef de plateau très sérieux, extrêmement précis, suprêmement consciencieux, et non le Brialy léger, spirituel et plein d'entrain que j'attendais. Chez tous les artistes, il y a ce double personnage.

Sur le moment, j'ai été un peu déçue. D'autant que je n'éprouvais guère de sympathie pour mon héroïne. Et puis j'ai attrapé une branche à laquelle je me suis accrochée : la passion de cette femme pour sa cassette, justification de sa haine contre le petit Charles. Comme tous les avares, elle sanctifiait l'argent, et en cela devenait émouvante.

Finalement j'ai quitté le tournage ravie, certaine que ce film charmant serait bien accueilli.

D'un autre ordre, mais intéressantes aussi, les surprises que me réservait Savary.

Je ne le connaissais que par sa réputation — celle de faire dans le vulgaire et le spectaculaire — lorsqu'un copain m'a persuadée de le suivre au TEP pour assister à son *Bourgeois gentilhomme*. J'y suis allée à contrecœur car je déteste les endroits où l'on est mal assis.

Comme nous poireautions près de la caisse, une sorte d'énergumène, gros cigare au bec à l'américaine, s'est précipité sur moi :

— Ho, Sapritch ! Quand est-ce qu'on bosse ensemble ? Je te retrouve tout à l'heure. On ira prendre un verre.

J'ai cru avoir affaire à un fou. Et puis j'ai vu le spectacle, ébaubie, emballée.

Savary m'attendait à la sortie. Nous avons sablé le champagne et sympathisé.

— Je pense à toi pour une Lola Montès.

— Fichtre !

Trois jours plus tard, il sonne à ma porte :

— Finalement j'ai une autre idée. Dans l'immédiat, je vais monter la BD de Gottlieb et Loeb. Je voudrais que tu sois des nôtres.

— Je ne connais rien à la bande dessinée.

— Tu verras, ça va te plaire !

De fil en aiguille, il me baratine. Cela m'amuse de casser le rythme, la gravité de ma carrière. C'est ainsi que je m'embarque, avec le Magic Circus, pour l'aventure de *Super Dupont.* On signe le contrat, et en route pour le Midi !

Bien avant le départ, comme je ne vois rien venir, je réclame mon texte à cor et à cri :

— Ne t'en fais pas, Chouchou, tout ira bien.

Flattée par l'épithète, j'insiste quand même :

— J'aime bien préparer mon personnage chez moi, dans le calme.

Finalement, il arrive avec, sous le bras, une espèce de gros tas. Cinq cents pages en vrac, non reliées, qu'il remporte avec autorité.

— Je te les donnerai à Béziers ! Pour l'instant, tu ne saurais qu'en faire !

Passablement troublée, je respecte le planning prévu, et accompagnée par un ami, Pierre Jourdan, je rejoins Savary. Le manuscrit m'attend. Comme je le subodorais, c'est une vraie catastrophe. Les auteurs, habitués à résumer dans une bulle la vie d'un individu, confondent dialogue et logorrhée. La moindre idée se développe sur des pages et des pages.

En outre, une fausse situation se présente : le théâtre les impressionne ; eux-mêmes intimident Savary.

Je fais part de mes doutes à ce dernier. Pour tout dire, je rendrais bien mon tablier.

— Chouchou, fais-moi confiance. Tu seras géniale !

Peu sensible au superlatif, mais encouragée par Pierre Jourdan, et me fiant à mon intuition (l'ensemble s'organisait dans une telle démesure que le choix était restreint : triomphe, ou chute verticale), j'ai décidé de rester.

La suite m'a donné raison. La pièce remporta un énorme succès.

Pour ma part, j'ai adoré l'atmosphère de cette troupe jeune et dynamique. Egarée dans cette ville de Béziers où mieux vaut apporter son pique-nique (qu'il faut alimenter de sa joie), au milieu de ces jeunes baladins qui me traitaient en copine, j'avais le sentiment de me trouver dans un jardin avec des gosses sur des balançoires. La bohème dans toute sa splendeur. On mangeait par ailleurs assez bien. Mais je n'y attachais pas d'importance. Cette vie me plaisait beaucoup.

Il y a bien eu quelques ombres au tableau, Savary n'ayant pas la cote à l'époque, et de gros problèmes financiers.

J'avais déjà tiqué sur la rémunération. Savary, dans sa mégalomanie, m'avait promis de somptueux costumes. Le manque d'argent l'a contraint à les simplifier, ce qui n'a pas eu de conséquences funestes sur le spectacle.

Comme les clowns, il trimballait partout une petite mallette que j'ai vue bourrée de papier bleu un jour qu'il en extrayait un télégramme pour me l'agiter sous le nez :

— Regarde ! Lang me demande de l'appeler, je ne lui réponds même pas !

Il feignait de se tenir à l'écart des bassesses du pouvoir. De fait, comme je l'ai su plus tard, il s'agissait d'un rappel à l'ordre du ministre, agacé par ses excès.

Cocasse, tonitruant, pléthorique, le personnage m'amusait beaucoup. Lui-même riait de se pavaner sur les allées, au bras de sa star. Jusqu'au soir où il s'est fait interpeller par un commerçant :

— Dis donc, tu m'as payé tes chaussures avec un chèque en bois !

Par la suite, on a un peu rasé les murs.

Le plus désagréable reste, dans mon esprit, ces querelles qui l'opposaient dans le quotidien, à propos de la gestion, à son fidèle administrateur, Christian Gaybellile, un homme délicieux et intelligent, qui est toujours mon ami.

Je dois aussi mentionner l'épouse, Mona, forte personnalité qui sait s'imposer.

Armée par l'expérience, j'ai fait avec, sans complaisance.

Mais en règle générale, Messieurs les Artistes, vous pourriez nous épargner vos femmes, du moins professionnellement. Surtout les comédiennes qui viennent, donnent leur avis, râlent de n'être pas sur la scène, jalousent les danseuses...

Les couples compliquent tout, créent inutilement problème sur problème. Et l'on s'étonne que je préfère les célibataires !

J'ai pris malgré tout beaucoup de plaisir à jouer ce rôle super bizarre. D'autant que Savary, argentin mâtiné de Scapin, donc très malin, se montrait attentif à mon égard. Certes dans son abondance, sa pétulance, son égocentrisme extrême, il avait bien tendance à vouloir m'écraser mais, gardant en permanence la chambrière en l'air, je l'obligeais à faire machine arrière. Et nos joutes s'achevaient à égalité.

Je crois qu'il m'aimait bien, et c'était réciproque. Revers de la médaille, les êtres de caractère ont forcément des défauts. Faute de le leur reprocher, trouvons le mode d'emploi.

Je ne m'attarde ainsi sur cette période particulièrement heureuse de ma carrière que parce que je la juge riche d'enseignement.

La pièce fonctionnait si bien qu'on a joué les prolongations. Quel ennui ! En ce qui me concerne, passé la centième représentation, je commence toujours à m'embêter. Heureusement, on est revenus à Paris, au théâtre de l'Odéon. Mais comme le spectacle continuait j'ai manqué d'autres affaires. Contrat ou pas, moralement je me sens obligée de tenir mes engagements.

J'ai vérifié en revanche, à cette occasion, que la recette décide seule du talent. Si le public vient, on a toutes les qualités. Si on fait salle vide, on est nul.

Le même Savary qu'on vouait aux gémonies, considéré jusqu'alors comme un saltimbanque auquel il fallait rogner les ailes (j'ignore si ma démarche a produit un effet, mais je me souviens, dans les débuts de *Super Dupont,* avoir plaidé sa cause auprès du ministre de la Culture), a vu soudain certains de ses créanciers se calmer et les portes s'ouvrir en grand devant lui.

— Tu es toujours dans ton spectacle si vulgaire ? me demandait aimablement Monique Lang qui tient maintenant Savary pour génial.

Le temps passe. Les appréciations changent. Telles sont les lois de notre milieu.

A la vérité, Savary eut aussi le bon goût de dérouter une nouvelle fois sa clientèle en lui proposant un *Cyrano de Bergerac* d'un surprenant classicisme. Car Fernand Lombroso, actuel directeur du théâtre Mogador, subodorant la multiplicité de ses talents en fin limier qu'il est, et poussé par son ami Hugues Galle qui lui conseillait de « faire un coup », lui avait demandé de monter la plus jouée et la plus populaire des pièces.

Evidemment, ceux qui, après les exhibitions de femmes nues dans les rues qui avaient scandalisé le maire de Tours, s'attendaient à de semblables facéties, ont été un peu déçus. On se serait cru à la Comédie-Française. Il a ainsi décroché le pompon. Apothéose au Mogador.

Cette mise en scène sage et classique compensait les lauriers qu'on lui avait précédemment refusés. J'avais regretté, à l'époque qu'il se laisse brimer, écrémant certains gags, jugés trop impertinents pour mériter une subvention. Au départ, un Defferre saoul perdait ses factures. Mitterrand entrait à l'Elysée en se cognant dans les murs, et piétinait sa rose. Quel scandale ! Avec le fric de l'Etat, se moquer du pouvoir ! Depuis il y a eu *Cocorico-Cowboy*. Ce qui prouve simplement que tout évolue très vite.

Savary fait partie de ces êtres pour lesquels j'ai toutes les indulgences, tandis que pour d'autres je n'en ai aucune.

Bien sûr, quand je le rencontre, il me fait le numéro de violon :

— Ma chérie, tu es formidable...

Mais je n'ignore pas qu'en moins de cinq minutes il m'aura oubliée.

Il ne peut me décevoir. Je le connais trop. Ainsi il ne s'est pas toujours très bien conduit vis-à-vis de son équipe. Je le reprocherais à d'autres car j'ai, effectivement, deux poids deux mesures. Ni ses facéties ni ses trahisons ne me gênent.

A vrai dire, je ne le fréquente pas. Et comme je n'en attends rien, surtout pas une rigueur de carmélite, ce qui me vient de lui ne peut être que positif. Il me fait rire.

Je fais preuve, je l'avoue, d'une faiblesse certaine à l'égard de Savary. En revanche, c'est par tendresse pour le bon vieux temps que je me suis ensuite laissé entraîner dans l'équipée désastreuse d'*Assassino, Assassino,* avec un ancien compagnon de route.

Le passé, quoique je m'en défie, me joue encore à l'occasion de vilains tours.

J'avais cette pièce dans mes tiroirs depuis quelques années. L'auteur me l'avait apportée en me flattant beaucoup :

— Ma chère amie, le rôle est taillé pour vous...

Et patati, patata. Je sais très bien, quand on a avec moi cette attitude, qu'on se précipite en sortant pour aller déposer un double chez une autre actrice.

Mais il est revenu à la charge par l'intermédiaire d'un ancien copain, Nicolas Bataille, avec qui j'avais monté *la Buanderie* de Guerdon, pour les Mardis de la Huchette, trente ans plus tôt. On avait travaillé trois mois pour jouer quatre fois. La pièce était bonne et j'en gardais un excellent souvenir.

Bataille, de retour du Japon, me contacte et me parle d'un texte à deux personnages, de Jean-Yves Rogale.

— Mais je le connais !

Je discute. Or dans ma tête, si je n'aime pas les souvenirs, le temps ne bouge pas. Je me crois revenue des années en arrière, dans notre vieux bistrot.

Je parle du sujet autour de moi. Pas bien neuf,

mais possible. Il s'agit d'une Italienne qui tient à Venise une pension de famille, dans laquelle arrive un beau jour un jeune type, superbe, la tentation même. Je pèse le pour, le contre...

Le théâtre de la Potinière s'y intéresse. Et Monique Lang me recommande un acteur, Albertini. J'accepte de le rencontrer. De fait, il a ce qu'on appelle une très belle gueule. Assurément celle de l'emploi. Et je m'emballe sur le partenaire.

Malheureusement, je tombe malade et découvre, en reprenant les répétitions, mon Albertini rétif, du genre cheval qui se cabre, à hue et à dia avec le metteur en scène.

Je décide d'attendre un peu, pour voir si la situation peut s'arranger. Mais je constate de part et d'autre une mauvaise volonté évidente.

Très ennuyée, je propose alors d'arrêter les frais. Mais Nicolas s'y oppose et me sort de derrière les fagots un comédien pâlot, blond, falot qui ne m'inspire absolument pas.

— Rassure-toi, il suit notre travail depuis le début...

J'ai quand même un œil exercé, et je ne l'avais pas remarqué.

Là-dessus, comme on pouvait s'y attendre, Albertini démissionne et je me laisse embobeliner par Bataille qui engage son jeune homme. Ce dernier, je dois le reconnaître, est absolument délicieux avec moi, vient me chercher en voiture pour m'emmener au théâtre, et me raccompagne, bref possède toutes les qualités à la ville, mais sûrement pas en scène.

Je n'aurais pas dû faire confiance à Bataille, mais je l'ai compris trop tard. La pièce en soi, avec ses défauts et ses qualités, présentait déjà des difficultés. Pour le rôle masculin, il fallait une bête à l'état brut.

Avec l'agressivité un peu sauvage d'Albertini, ça pouvait fonctionner. Mais que faire de ce doux blondin qu'on m'imposait ? Le malheureux auteur a tenté l'impossible. Toute la production a œuvré pour qu'on arrête très vite. Quant à moi, pressée d'en finir, je n'avais aucune raison d'assurer la promotion. Volontairement, j'ai mis les freins.

Un spectacle est comme un château de cartes. Il suffit d'un souffle pour qu'il s'effondre. Qu'on retire une carte, et il s'abat.

Une expérience comme celle-là ne fait que me conforter dans cette idée qui est la mienne que dans tout succès il y a toujours un échec qui se prépare. Et cela m'atteint peut-être plus que d'autres parce que pour moi, à chaque fois, c'est mon enfance qui me revient en boomerang. Ce mouvement de flux et reflux m'empêche de goûter pleinement un bonheur présent.

J'ai connu trop de gouffres. Ainsi, après cette petite réussite personnelle qu'a été mon strip-tease de *la Folie des grandeurs* (malgré un rôle mineur, il m'a poussée vers les premières places dans la distribution et, à douze ans d'écart, il fait encore la joie des veillées des chaumières quand la télé le repasse), on ne m'a proposé, durant un certain temps, que des sous-produits. Des sous-*Folie des grandeurs*.

Pire ! Acculée par des difficultés financières, je téléphone quelque temps plus tard à Gérard Oury pour lui demander des possibilités de tournage. Il me fixe rendez-vous pour déjeuner à la Brasserie lorraine, place des Ternes.

Je lui expose mes problèmes, et durant une heure et demie d'horloge, le grand maître me sermonne : j'ai commis des erreurs, je n'aurais pas dû me produire dans tel ou tel spectacle, surtout ne pas me montrer dans *le Führer en folie* (qui, je le maintiens, n'était pas un si mauvais film, mais venait un peu tôt)...

Sonnée, désemparée — je vivais une période très pénible, sortant d'un divorce — je l'ai écouté sans mot dire.

Après le repas, il m'a demandé de l'accompagner jusqu'à son bureau, proche, où il a griffonné quelques chiffres sur un morceau de papier :

— Tiens, le numéro de mon conseiller fiscal. Appelle-le de ma part.

Naturellement, je n'en ai rien fait. J'ai pris l'ascenseur. Et nos rapports en sont restés là.

Aujourd'hui, nous nous saluons de loin. En irait-il différemment si j'avais masqué mes sentiments ? Je suis incapable d'hypocrisie. L'aide était minable. Et quelle idée ridicule de m'infliger une leçon de morale dans un tel moment !

Je suis suffisamment professionnelle pour deviner ce qui peut faire chuter mon box-office. En outre, dans notre métier, on ne vole pas de victoire en victoire. La règle veut qu'une carrière avance en zigzag.

L'idéal serait d'avoir les nerfs suffisamment solides pour accueillir les événements avec sérénité. Emotive et fragile, comme la plupart des artistes, je me montre, hélas, particulièrement sensible à la critique.

Comme je ne reste jamais sur un échec, j'ai vite repris du poil de la bête. Mais cet épisode désagréable m'amène à évoquer, en ce qui me concerne, un autre problème qui me poursuit depuis des années et que je vis douloureusement.

En effet, c'est toujours moi qui suis contrainte à trouver mes rôles. Aucun metteur en scène ne m'a jamais apporté de grand sujet. Les auteurs, oui, mais pas les réalisateurs. Et j'en souffre car je ne comprends pas pourquoi. Après un four, une faillite, des revers, je pourrais le concevoir. Mais je parle de ceux avec qui j'ai partagé le succès ou qui me le doivent même.

Oury ne m'a plus rien offert après mon triomphe dans ce strip-tease dont il avait inventé l'idée. Mais il ne constitue qu'un exemple.

Je ne vais pas faire une nouvelle fois l'historique de ma carrière, je peux néanmoins assurer que du jour où Albert Ollivier a eu la bonté de me donner carte blanche pour choisir mes rôles, il m'a aussi condamnée à la solitude.

Après *le Lien,* grâce à des amis, les Belmont (le traducteur et sa femme), qui m'ont permis de régler les problèmes de droits, j'ai fait entrer Beckett à la télévision, quand sa notoriété se limitait encore au cénacle des Editions de Minuit.

J'ai ensuite proposé à Pierre Cardinal de monter *Destins* de Mauriac, et je me suis chargée de convaincre l'auteur qui manquait d'enthousiasme au départ.

— Je vous donne mon accord, m'a dit Mauriac, mais à la condition qu'après avoir vu le montage je puisse encore retirer ma signature et interdire la diffusion de l'émission.

La chaîne a entériné cette demande, mais dans quelle angoisse nous avons travaillé !

Au soir de la projection, bouleversé, Mauriac a pleuré. Et il a inscrit dans son *Bloc-Notes :* « Elle n'était pas le personnage, mais comme c'est une grande comédienne, elle a réussi à lui donner la vie et même une autre dimension. »

A Cardinal, j'ai amené aussi *la Bonifas,* de Jacques de Lacretelle, qu'un copain, Bernard Milleret, m'avait conduite à découvrir. Personne n'avait encore songé à puiser, pour la télé, dans l'œuvre de cet académicien.

La Bonifas est l'histoire d'une vieille fille qui vit retirée à Langres, petit bourg de province, et tombe éperdument amoureuse — en tout bien tout honneur — d'une jeune fille dont elle a la charge. Leur amitié étrange trouble le village. Puis la jeune fille meurt de tuberculose. Survient la guerre de 1914-1918 au cours de laquelle la Bonifas se comporte en héroïne. La population alors lui fait fête. Mais ce bonheur vient trop tard, et la pauvre s'enferme dans sa solitude.

Il s'agissait d'un sujet délicat. Cardinal l'a merveilleusement traité.

Peu après, Bernard Privat, le directeur de chez Grasset, me présente Hervé Bazin au cours d'un dîner. Ce dernier m'autorise à adapter *Vipère au poing*. Je porte encore le sujet à Cardinal. D'où le succès que l'on sait.

Suite du feuilleton — et dernier volet : Cardinal songe à son tour à monter *Dialogues des carmélites,* de Georges Bernanos (dans lequel je me suis déjà distinguée — plus de cinq cents représentations au théâtre). Je rêve du personnage de la Mère Supérieure que je trouve extraordinaire. J'ai très envie d'exprimer la crainte de la mort qui, selon moi, vient se mêler à la spiritualité de cette religieuse âgée. Je m'en ouvre à mon réalisateur favori, qui me répond :

— Je vais réfléchir.

Résultat : il donne le rôle à une autre actrice, d'ailleurs excellente, mais qui le conçoit différemment.

Moralité : généralement, comme dans ce cas

précis, je ne peux jouer que si je détiens les droits et si j'amène l'idée.

Incriminer la malchance? J'ai vécu tant d'expériences similaires!

J'avais choisi Mitrani pour réaliser *Tous ceux qui tombent*. Il était jeune à l'époque. En fait je l'ai aidé à débuter. Ce film depuis est devenu un classique. Nous sommes restés un certain temps sans nous voir. Puis j'ai pensé pour moi à l'héroïne de Sartre, Inès, dans *Huis clos*, et j'en ai parlé à ma copine, Evelyne Ray, très liée à l'époque avec l'auteur, qui pouvait donc se procurer les droits. Effectivement, elle s'est dépêchée de les offrir à Mitrani, et le rôle m'est passé sous le nez.

Pour mon confort personnel, j'aime m'entourer, dans mon métier, d'une zone d'amour et d'amitié. C'est le cas avec Yves-André Hubert à qui j'ai également apporté successivement *la Cousine Bette, les Bostoniennes, le Cri de la chouette* (suite de *Vipère au poing*), et *Marie Besnard*.

Il n'en reste pas moins vrai qu'une certaine lassitude me gagne. Il me paraît dommage qu'on se conduise ainsi à mon égard et qu'il n'existe pas d'échange. Je voudrais bien qu'un mouvement se produise aussi de temps en temps dans l'autre sens.

Mon propre vedettariat me crée parfois, parallèlement, d'autres soucis. Durant le tournage du *Cri de la chouette*, dans la région lyonnaise, je me suis trouvée confrontée à la jalousie de mon partenaire masculin. Après un début sans histoires, Jacques Rémy, qui incarnait le rôle de Brasse-Bouillon, s'est brusquement vexé parce que ma popularité, lorsque nous débarquions dans un restaurant du coin, dépassait la sienne. Je trouvais déjà bizarre que ce garçon dont ce n'était pas le métier souhaitât devenir comédien. Lui-même estimait — sans doute pour avoir mis Serge Lama en scène avec lequel il s'identifiait — que nous devions partager l'affiche. Comme je n'aime pas provoquer d'incidents, j'essayais de me faire toute petite, mais nos rapports n'en sont pas moins restés détestables. Il n'a cessé de me bouder.

Autant que je le reconnaisse, il doit y avoir un aspect chez moi qui — j'ignore pourquoi — empêche ceux qui m'entourent de m'accepter telle que je suis. J'en éprouve un malaise, mais faute de savoir comment y remédier, je ne m'y essaie plus.

Une nouvelle fois, cela me renvoie à ma solitude et m'oblige à poursuivre une carrière totalement en dehors des normes.

Après mon succès dans *Marie Besnard,* j'ai encore reçu un coup de fil de Pierre Cardinal qui me paraît explicite :

— Je me demandais si j'allais t'appeler ou non. J'ai longuement hésité, mais nous formons une sorte de vieux ménage...

— Que voulais-tu, mon Pierre ?

— Te féliciter. Quelle rencontre fantastique, formidable avec cette héroïne ! Pour le reste...

Et d'envoyer deux ou trois piques à propos de la mise en scène. Lui aurait fait autre chose... Ce que j'appelle « les *Kopines* entre eux » (*Kopine,* un mot que mon mari m'avait rapporté de Tahiti et qui là-bas désigne l'ennemi).

Je l'ai laissé faire son numéro, mais j'ai réagi vertement :

— Ecoute, ça t'arracherait la gueule de prononcer le mot « talent » ? Je commence à trouver agaçant que, dès que je fais une prestation qui sort un peu de l'ordinaire, on parle de *rencontre* ! En quoi ?

Avec qui ? Tu peux quand même te douter que je n'ai rien de commun avec ce personnage. J'ai beaucoup travaillé pour réussir à lui donner vie. Je ne suis ni une paysanne, ni une petite provinciale. Une actrice de composition, en revanche, oui ! A ce compte-là Folcoche, la Cousine Bette, tous mes grands rôles seraient aussi des rencontres. Tu ne trouves pas que tu exagères ?

Au passage je l'ai chapitré pour ne m'avoir jamais apporté d'affaires. Et comme il a la réplique facile, il a argumenté :

— Tu sais tellement bien ce qui te convient.

Peut-être. Mais ma position serait plus confortable si, de temps à autre, les metteurs en scène s'adressaient à moi. Qu'ils s'abstiennent me désarçonne et me semble injuste. Je ne crois pas que Michèle Morgan, Bette Davis ou Magnani aient eu ce problème.

Le grand Strehler, malgré tout, m'a contactée, l'année passée, pour jouer Madame Pitchoun, dans *l'Opéra de Quat'sous* au Châtelet. Travailler avec cet artiste exceptionnel... mon rêve devenait réalité. D'autant qu'en terminant *Marie Besnard,* j'avais songé en moi-même : « Il me faudrait maintenant interpréter une clocharde. »

Sur le moment, instinctivement, j'ai répondu présente. Je conserve un souvenir extraordinaire de mes entrevues avec Strehler, ce Protée qui me rappelait un peu Savary, mélange d'eau et de feu, avec mille facettes. Comme je suis traqueuse, je m'affolais de mes deux strophes à chanter, mais j'étais très tentée.

Et puis j'ai réfléchi. Dans un deuxième temps, la raison m'est revenue. J'ai demandé à mon agent de mettre en avant de sordides questions d'argent, et j'ai refusé. Il était question, au départ, d'un staff de vedettes internationales — Mastroiani, Kinsky, Delon... Dans l'intervalle, il ne restait plus que la chanteuse Milva et moi.

Il n'existe pas beaucoup de metteurs en scène de l'acabit de Strehler. Aujourd'hui, certainement, je regrette d'avoir dû laisser échapper cette occasion de travailler avec lui. Mais j'ai eu peur que nous ne soyons déçus réciproquement. J'aurais aimé être sa vedette, le rôle ne s'y prêtait pas. Je pouvais accepter de devenir une parmi de grandes stars, mais pas le cinquième de sa vision.

La balle était dans mon camp, je ne l'ai pas renvoyée. J'en retire quand même quelque satisfaction : je peux encore faire, si nécessaire, un coup de charme. Je garde l'espoir de rencontrer un jour le grand ténor que je cherche. J'ai eu la joie de connaître Strehler et, pour l'instant, j'ai gagné une année, celle qu'il m'aurait fallu consacrer à ce spectacle.

Depuis j'ai enregistré un disque, tourné des pubs, écrit ce livre, et j'ai des projets plein la tête. Loin de moi le défaitisme. Au contraire, pour ce qui est de ma carrière, je débouche maintenant sur un carrefour.

9

Actuellement, je suis très hésitante sur la bonne direction à prendre, ennuyée aussi car les offres que je reçois sont loin de me satisfaire à cent pour cent, pas même à quatre-vingt-dix pour cent. Et j'ai connu trop d'avatars avec les metteurs en scène pour ignorer que les mariages de raison, dans ce domaine, ne m'ont jamais réussi.

Naturellement, il m'est arrivé, pour payer mes impôts, par besoin d'argent, de tourner dans un mauvais film ou de jouer une pièce médiocre. Mais je le savais dès le départ. Je n'en attendais rien. J'ai même eu parfois d'agréables surprises.

Cependant, dans le créneau passion, il ne me plaît pas d'être obligée de faire des concessions.

Alors je balance. Si je redoute, comme c'eût été le cas avec Strehler, d'aliéner ma liberté, je crains par ailleurs, dans ma lucidité, de me retrouver bientôt le bec dans l'eau.

Je feuillette les textes qu'on m'apporte. Au bout de dix pages, les bras m'en tombent. Pour le sujet, passe encore. Mais le personnage qu'on me destine ! A l'opposé de ce que je souhaite. Est-ce ainsi qu'on m'imagine ?

Je l'aurais parié, on me propose maintenant des sous-*Marie Besnard,* ce qui me décourage. J'ai toujours opté pour la variété, fourni l'effort de sortir de la routine... Pourquoi me pousse-t-on à retomber dans l'ornière ?

Il est probable que je sois l'une des rares à pouvoir définir un rôle susceptible de me convenir. Et je le regrette.

Si je fais le bilan, je m'aperçois qu'à condition de disposer d'une certaine marge de manœuvre je ne me suis jamais trompée dans mes choix.

C'est pour des raisons indépendantes de ma volonté que je n'ai pu accomplir, au cinéma, la carrière dont je rêvais. La télévision m'a promue au rang de vedette, et un immense fossé sépare nos deux mondes. Les bagarres que se livrent l'un et l'autre camps suffisent à m'en convaincre.

Les gens de cinéma s'estiment en concurrence et détestent mon image. Quand on leur communique mes scores, ils grincent des dents :

— Quinze millions de spectateurs ? Cela ne compte pas. Les gens ne paient pas pour la voir.

Je pourrais évoquer les sondages. Mais je ne réponds plus à l'argument. Ma réflexion sur le sujet ne date pas d'aujourd'hui. Robert Stack, l'interprète d'Elliott Ness dans *les Incorruptibles,* qui m'a remis, en 1963, un oscar pour mon rôle de la *Cousine Bette,* et à qui je me plaignais du mépris des producteurs de cinéma à notre égard, m'avait expliqué :

— L'Amérique a souffert longtemps d'une ségrégation semblable entre acteurs de cinéma et de télévision. Mais comme l'instrument — la caméra — est le même, nous n'avons plus maintenant que des acteurs de l'image. La France aussi va évoluer dans ce sens. Votre pays ne réagissant pas très vite à la modernité, il faut simplement attendre un peu.

Son analyse me paraît assez juste. Malheureusement, le temps passe, et le cinéma va mal. On se plaint beaucoup d'une certaine désaffection du public. Personnellement, compte tenu de ce qu'on nous montre, je trouve qu'il se porte extraordinairement bien.

Les trente-cinq-soixante ans ne fréquentent plus les salles. Evidemment. Pourquoi s'y rendraient-ils ? Depuis quelques années, on ne fabrique plus que des films pour les enfants, sur la psychologie de l'adolescent, ou des histoires de gangsters... Un de temps à autre, d'accord. Mais à force, bonjour les dégâts !

Alors on accuse le public, les vieux rivés à la maison, devant leur écran. C'est un peu facile. On oublie que la fonction crée l'organe. Si on veut regagner cette clientèle, il faut peut-être d'abord lui offrir des spectacles de nature à l'intéresser.

Non seulement je n'adhère pas à cette fausse querelle des anciens et des modernes entre télé et gens de cinéma, mais je prêche pour ma paroisse : je n'aime que la psychologie et je voudrais des films pour adultes.

Le problème se pose à moi en tant que spectateur, et également dans mon métier. Les plus importants réalisateurs ne se sont pas adressés à moi. J'en ai pourtant connu de grands. J'ai ainsi tourné autrefois *la Raison du plus fou,* en compagnie de Devos, avec Reichenbach que j'avais rencontré dans le sillage de Bromberger. Je le compare à une étoile. Il fait partie de ces êtres que je mets dans une case à part. Equipé de cette caméra qui lui sert de regard, il se déplace d'un point à l'autre, comme un funambule. Je ne le vois plus que rarement. Mais il peut sonner à ma porte ce soir, et je le recevrai comme s'il m'avait quittée hier. Alors qu'il n'est plus tout à fait jeune, il continue à vivre tel un homme de trente ans. L'amour de son art lui a permis de dépasser sa maladie, et pour cela je l'aime et lui accorde depuis longtemps un visa d'amitié définitif. Je le sais capable de m'aborder en me demandant — ce qui laisse sans voix :

— Ma chérie, comment trouves-tu mon film *admirable* ?

Il m'a également obligée, une nuit, à Cannes, avec Bory et Hanoteau, à visionner *l'Avventura* aux petites heures de l'aube, tant il était enthousiasmé par ce film. Lui-même présentait *l'Amérique insolite,* mais il a défendu l'œuvre de son concurrent avec tant de conviction, notamment auprès de Maurice Leroux, membre du jury, le mobilisant à son tour, qu'Antonioni, finalement, a été primé après avoir été sifflé.

Ce dernier, selon toute vraisemblance, ignore encore que son sort s'est joué, à cette occasion, entre les mains de Reichenbach. Invitée par Hanoteau, j'avais déjeuné avec lui et Monica Vitti au Carlton. Fou d'angoisse, il restait cloîtré dans sa chambre en attendant le verdict. Il me semble que l'échec lui eût été fatal.

Sans contester ce prix, à mon avis tout à fait mérité, je retiens quand même l'idée qu'il suffit d'une ou deux fortes personnalités pour influencer des jurés.

Ce même Reichenbach m'avait tannée, à un moment, pour que j'intervienne auprès d'un de mes amis, Jean Duché, et lui obtienne une bonne critique dans le journal *Arts*.

— Je ne comprends pas ton insistance. Tu as déjà une presse formidable !

— Peut-être, mais mes copains lisent *Arts*.

De fait, un article dans tel ou tel autre canard ne présentait pas le même intérêt. Il faut s'inscrire dans la mouvance de Paris et de ses coteries.

Toujours à Cannes, une autre année, j'ai épinglé Bresson qui venait de sortir *Au hasard, Balthazar*. Bory et consorts se pâmaient d'admiration devant l'artiste isolé, qui vit retiré du monde, comparable dans sa rigueur à une sorte d'ayatollah Khomeiny du cinéma. Pas question de discuter même du film. Un pur chef-d'œuvre ! Pour ma part, je soutenais mordicus que je jugeais très ennuyeux un spectacle tournant autour d'un âne. *A priori*, je préfère l'humain aux animaux qui parlent. J'étais assez choquée qu'un grand metteur en scène gâche son talent avec des amateurs ânonnant.

Bory, qui avait trop de tendresse à mon égard pour m'engueuler, me faisait les gros yeux et me traitait de sacrilège. Quant à Roger Stéphane, l'éminent critique, thuriféraire numéro un car cheville ouvrière de cette intelligente réalisation pour laquelle il avait dégagé les crédits, patron occulte de la chaîne à l'époque, sous Malraux (donc aussi mon patron — il faut savoir vivre dangereusement), il me portait un tel mépris qu'il prétendait m'ignorer totalement.

Jusqu'au jour où, circulant dans l'arrière-pays,

j'ai eu la chance de tomber, au coin d'un champ, sur un Bresson ravi de se faire photographier sous toutes les coutures, se prêtant avec son âne, pour faire plaisir aux journalistes de *Paris-Match*, à de multiples simagrées.

Malicieusement, je me suis précipitée vers la plage faire mon rapport, déclenchant une panique chez les intellos qui ont aussitôt dépêché un émissaire pour vérifier mes dires. A la suite de quoi, on m'a fichu la paix le reste du séjour.

Je n'entretiens naturellement aucune hargne personnelle à l'égard de Bresson. Je n'apprécie pas son œuvre. Cela ne m'empêche pas de bien l'aimer, et je crois que c'est réciproque. Mais cet éblouissement non justifié, collectif et benêt, m'avait agacée. Plus on me titille, et plus je deviens féroce.

Je ne suis pas retournée à Cannes depuis mai 68, date à laquelle j'étais rentrée hâtivement à Paris (comme précédemment lors de l'exode) cette fois en compagnie de Bory, curieux de suivre de près cette affaire de barricades. Hélas, tout passe. Le Festival d'aujourd'hui n'est plus ce qu'il était. Les prix de maintenant n'ont plus la cote d'antan. On présente des films déjà à l'affiche. Le jeu s'est modifié. Peut-être à cause de la télé, le cinéma ne constitue plus l'arme absolue.

Je m'y rendrais quand même volontiers si l'on me procurait une bonne raison. Mais on ne me propose pas de faire partie du jury et je n'ai pas travaillé récemment dans ce domaine.

J'avoue que je le déplore, mais j'ai beau regarder autour de moi, je ne vois pas avec qui j'aurais pu tourner. Les grands de jadis sont, il faut bien le dire, légèrement démodés, ou alors étrangers. Moi je cherche un Bergman français. Qu'on me donne un

Fellini, ou un Visconti... *Le Guépard,* quel régal ! Aucun secret dans ce succès : avec un bon sujet, un grand roman, un géant pour la mise en scène et d'excellents acteurs, nul doute qu'on crée l'événement.

Chez nous, rien n'a bougé depuis les Truffaut, Godard, Rohmer, les *Cahiers du cinéma,* et la Nouvelle Vague des années 50 et 60. A l'époque j'applaudissais des deux mains. Désormais, force m'est de constater qu'ils font dans le rachitisme. A les voir s'exciter, avec leur objectif, sur des petites filles de plus en plus jeunes ou, comme Truffaut avec son Léaud, sur des adolescents, j'ai l'impression que la caméra sert surtout à alimenter leur fantaisie sexuelle.

Eventuellement, on prend une historiette de quatre sous, et des acteurs irrémédiablement inconnus pour s'en débarrasser ensuite comme d'un Kleenex. Et l'on s'offusque que le public tourne le dos ! Soyons sérieux ! Le public est fidèle, mais il sait se montrer exigeant, et n'avale pas n'importe quoi. Malgré sa bienveillance à l'égard des actrices et des acteurs qu'il aime, il prononce toujours sa sentence.

La vedette a, bien entendu, plus de chances qu'un autre de pouvoir se rattraper, mais continuer à plaire présuppose une certaine vigilance.

Comme entre-temps le producteur a perdu sa mise, il ne me surprend pas qu'on nous annonce, en matière de cinéma, une situation catastrophique.

Pour d'autres motifs, pas très brillante non plus celle du théâtre.

Je cite pour mémoire le théâtre immobile de Jean-Michel Rouzières, directeur de deux établissements, figé, lui aussi, depuis les années 50. Et je ne parle pas de celui du boulevard, que je mets entre parenthèses.

Souvent discutable, il a du moins le mérite de fonctionner. Je fais allusion à celui qui m'intéresse, et qu'on nomme le théâtre de textes, qui prétend à une certaine dimension.

Il me semble que dans ce domaine encore on se livre à des excès déplorables. Première observation : réservé aux intellectuels, il a été pris d'assaut par les professeurs ou agrégés divers. Que fait un professeur ? Eh bien, il enseigne.

Alors le metteur en scène se saisit de sa baguette pour nous expliquer qu'on est tous des imbéciles. Molière, Shakespeare, on n'a rien compris. Surgissant miraculeusement, tel Zorro, il se propose de nous en offrir une *relecture*.

A vrai dire, ce terme merveilleux dont se gargarisait mon ami Sandier, est pour son compte déjà un peu dépassé. (Lui aussi, je viens de le relire. Ses théories sur le théâtre sont assez terrifiantes). Mais le système continue à sévir. Pour nous convaincre (en doutait-on ?) que les classiques étaient des écrivains de talent, tous ces maîtres d'école se chargent, dans l'originalité la plus débridée, d'illustrer leurs intentions. Ce qui donne lieu à des spectacles assez délirants, quelquefois comiques, souvent tragiques, mais qui dégagent généralement un ennui consternant.

Personnellement, je ne fréquente plus guère les théâtres, ou seulement à dose homéopathique quand le virus se réveille, car je m'y embête beaucoup, et sur scène et dans la salle. En revanche, je regarde les extraits de pièces que me propose la télévision. Et j'ai suffisamment l'habitude pour reconstituer très vite le puzzle.

J'ai vu ainsi dernièrement un *Othello* monté dans un de ces théâtres de « là-bas » (à Bobigny, je crois, où j'imagine qu'il vaut mieux se rendre armé, casqué, botté). Iago portait un chapeau mou, Desdémone se présentait en peignoir. J'ai observé devant un copain :

— On verra bientôt une Phèdre à poil !

Il paraît que c'est déjà fait. Et ça ne me gêne pas.

D'ailleurs de quoi pourrait-on s'offusquer, en 1986; après avoir entendu Depardieu — toujours par le biais de cet instrument fabuleux qu'est la télévision — annoncer *Tenue de soirée,* le film de Bertrand Blier, en interpellant son partenaire par un « Je vais t'enculer et tu vas jouir, ma belle », ou autre mignardise du même genre ?

Tant qu'il s'agit d'un exemple isolé, et non d'une constante, cela ne me dérange pas. Là où le bât me blesse, finalement, c'est que j'ai le sentiment que toutes ces inventions abracadabrantes de nos metteurs en scène du troisième type visent simplement à nous épater.

Alors on lave à grande eau le plancher en jouant de la serpillière (merci, Planchon !), ou on nous colle un type sous le nez qui urine contre un mur.

Au cas où l'on s'en inquiéterait — n'oublions pas que nous avons affaire à ces puits de science que sont les enseignants — on nous sert toujours une explication : il paraît qu'il faut introduire la vie dans le théâtre.

Moi, précisément, ce qui m'agace, c'est le côté je pense pour vous.

Je soupçonne en outre qu'on nous assomme de pièces interminables, misant que, sur la longueur, il en restera bien quelque chose, et dans des lieux où l'on est généralement fort mal installé de peur qu'on ne s'endorme.

Il y a aussi les modes. Dans les années 60-70, on

nous faisait le coup des pièces d'eau, avec du vrai sable, sur la scène. Depuis Chéreau, on a droit aux phares d'auto.

Je ne voudrais pas gâcher le plaisir de ceux qui apprécient. Je reconnais que je suis partiale. Je me sens mal à l'aise avec un bonnet d'âne, je n'aime pas qu'on essaie de m'avoir à l'esbroufe. Les parlottes de Dussane m'ont toujours laissée de marbre. Je ne vais pas me risquer à évoluer maintenant.

Et je trouve navrant que même les grands, comme Vitez, qui par ailleurs ne manque pas de talent, s'abandonnent à ces facilités. Chez tous j'observe le même insensé besoin de se distinguer à tout prix.

Ce qui m'amène à considérer un second problème, celui de l'écrasement du comédien, obligé de se fondre dans la troupe, au profit du metteur en scène.

Je pourrais ne pas m'en préoccuper. Avertie par Dullin, je n'ai jamais eu personnellement à en souffrir. Même au Magic Circus, on m'a affichée. Pas les autres, ce que je juge malhonnête.

Evidemment, ça ne me regarde pas, et le mot est fort. J'ai suffisamment d'assise pour pouvoir l'employer, d'autant qu'il exprime parfaitement la réalité. Et si l'on ne devait se révolter que pour ce qui nous concerne, on ne le ferait jamais.

Pour moi, l'escroquerie tient au fait qu'à moins d'être vedette le comédien travaille dans l'anonymat. Dans les troupes les plus prestigieuses — Chéreau, Mesguisch, Planchon, Vitez — on ne sait jamais qui joue quoi. On ne risque pas d'ignorer, en revanche, à qui elles appartiennent. Le nom du metteur en scène s'étale en gros, et même plusieurs fois.

Je n'ai pas la prétention de révolutionner le théâtre moderne. En outre, la faute en incombe au

Cartel : Jouvet, Dullin, Copeau et Pitoëff, ténors en leur genre, et gens très remarquables, à la fois metteurs en scène, acteurs, éventuellement auteurs, qui muselaient les comédiens en invoquant le raisonnement suivant :

— Nous sommes affichés, comme vous, en petits caractères.

Je t'en fiche ! Pour le rôle de Volpone, oui. Mais pour le nom du metteur en scène et celui de la troupe, on changeait de dimension !

C'est devenu un dogme. La plupart des metteurs en scène se pavanent aux dépens du pauvre bougre d'acteur dont on devine seulement qu'il doit faire la vaisselle dans la journée avant de se maquiller pour le soir. Comment repérer une copine chez Vitez ? Je n'avais pas de programme. Mesguisch a repris le théâtre de Saint-Denis, où il propose un excellent spectacle. Peut-on me dire qui interprète Lorenzaccio ?

Le phénomène serait moins grave s'il ne portait parfois sur des années. En tournant *Marie Besnard*, j'ai demandé à Yves-André Hubert d'où sortait un garçon qui me semblait excellent. J'ai appris qu'il s'appelle Claude Lochy, et nul ne le connaît alors qu'il a joué vingt-cinq ans avec Planchon.

Ce gouffre qui sépare l'anonyme total de la star ne m'enchante guère. J'imagine qu'on pourrait établir une règle permettant de le réduire.

On voudrait m'objecter que certaines vedettes ne sont pas annoncées. En ont-elles besoin ?

Le bruit court vite que Birkin ou Piccoli se produisent dans tel ou tel théâtre, et la foule s'y précipite.

J'ai souvent évoqué ces anomalies, en particulier avec mon ami Sandier (paix à ses cendres !), qui prétendait que la critique avait précisément pour tâche de tirer l'acteur de l'inconnu. Nous nous crêpions beaucoup le chignon à ce propos pour revenir au *statu quo* en fin de discussion. De fait, il n'a jamais réussi à me convaincre. Et je ne changerai pas d'avis maintenant, dans la mesure où je m'aperçois que ceux qu'il a encensés, anonymes au départ, le sont naturellement restés.

Je ne pense pas que la critique, si élogieuse soit-elle, suffise à assurer la carrière d'un comédien. Dans mon esprit — j'en reviens toujours à cette idée — seul le public jouit réellement de cette omnipotence. Et les commentaires écrits ont par ailleurs, depuis quelques années, probablement en raison du développement de l'image, beaucoup perdu de leur influence.

Nous exerçons, par définition, un métier nominatif. Faute de se référer à un nom, le public ne peut qu'ignorer l'acteur. Et le metteur en scène qui prive ce dernier de son identité pour lui imposer celle de sa troupe commet un crime à son égard.

Injuste également, très souvent, le traitement réservé aux auteurs. On n'en voit pas surgir de nouveaux actuellement sous prétexte qu'il n'y en a pas. Mais leur donne-t-on seulement la parole? Quand je vois la manière dont on pille les textes du passé, sous couvert de les illustrer, je crois surtout qu'il est plus facile de se valoriser aux dépens d'un auteur mort depuis plusieurs siècles qu'à ceux d'un vivant qui pourrait venir protester.

Pour en rajouter dans la noirceur, puis-je également noter, avec la même candeur, que nos talentueux metteurs en scène, dont la palette est large, écrivent eux-mêmes des textes, rarement fascinants, qu'ils n'ont aucune peine à placer? Encore se contenteraient-ils de réduire un espace qu'ils pourraient consacrer aux vrais auteurs, mais je les trouve bien impertinents de le faire à nos frais pour peu que leur théâtre soit subventionné.

Ce qui m'amène tout naturellement à évoquer un autre aspect de la crise présente. Le côté financier.

Alors qu'on a tendance à noyer le poisson, il m'apparaît, sans la moindre confusion, qu'outre cette prise de pouvoir abusive que je viens de dénoncer, de la part de nos metteurs en scène, le théâtre souffre malheureusement de graves erreurs de gestion.

Ne mâchons pas nos mots : tous les théâtres de Paris sont à vendre. Personnellement, je reste éberluée que quelques-uns marchent encore quand je sais qui les dirige.

On offre aujourd'hui un théâtre à sa maîtresse, comme autrefois des rivières de diamant. Total, nombre d'ex-chanteuses, comédiennes, femmes du monde ou cocottes de tout genre en mal d'activité, mais pourvues d'un jules fortuné spéculant sur la célébrité, se flattent maintenant d'administrer.

Et comme l'argent peut acheter beaucoup de choses, mais certainement pas le talent, cette industrie, *a priori* difficile et rarement prospère, menace de sombrer.

Je ne nourris aucune hostilité particulière à l'encontre des garagistes ou marchands de meubles, mais que savent-ils de notre art ?

Espérant toujours avoir trouvé le mouton à cinq pattes, ces brillants commanditaires nous montent des spectacles qui, gonflés d'air, s'effondrent tels des soufflés. Même dans les cas où le mécanisme fonctionne, survient le moment où il conviendrait d'arrêter. Seulement, ils cherchent à presser le citron et n'ont rien pour remplacer. Alors, plutôt que de fermer temporairement la salle, ils laissent la pièce à l'affiche encore six ou neuf mois, comme on prolonge un moribond, et perdent ainsi tout le bénéfice qu'ils avaient pu gagner.

Amusant, non ?

J'ai la dent dure, j'en conviens. Je crains, hélas, que ce tableau sommairement brossé ne demeure en deçà de la vérité.

La conjoncture du moment n'a rien de grisant.

Coincé entre les élucubrations d'une avant-garde passionnée de théorie qui se partage le gâteau des subventions, l'immobilisme ou la vacuité des petits calicots qui, faute de pouvoir jouer la comédie, ouvrent des salles qui se vident aussitôt, le boulevard et les superproductions à but exclusivement lucratif, que va devenir le théâtre ?

Je me réjouis qu'un vrai professionnel comme mon ami Brialy dispose prochainement du sien. En outre, quelle importance ? A croire que je pleure sur un terrain envahi par de la mauvaise herbe alors que le bulldozer s'active déjà à tout malaxer pour l'en délivrer.

Je comprends qu'il soit nécessaire, tous les vingt, trente ou quarante ans, de casser une routine pour rebâtir ensuite sur les ruines. En un sens, les surréalistes ont amorcé le mouvement. A juste titre. Du moins le nourrissaient-ils d'une autre richesse.

A présent qu'on a démoli l'ensemble de la structure avec ces mises en scène sémaphoriques — ce que j'appelle les signaux — désarticulant volontairement les rôles, va-t-on bientôt se décider à retrouver un juste équilibre ?

— La psychologie des personnages ? Mais on s'en

fout ! m'assurait Sandier qui se réclamait du XXe siècle.

A défaut de modernité, en ce qui me concerne, j'avoue que j'ai la faiblesse d'attendre du théâtre qu'il me fasse simplement rire ou pleurer. Et si notre époque — mais je ne le crois pas — devait supprimer l'humain, je le concevrais comme une catastrophe, car pour moi l'art ne procède que du cœur de l'homme. Ce qui ne me touche pas relève du désert.

C'est d'ailleurs pour cette raison que j'ai toujours évité de tomber dans le piège de ce que j'appelle « le parler verre de lampe » : cette diction soi-disant spécifique du théâtre, chère à nos metteurs en scène, à la fois uniforme et forcée qui, selon moi, prive le jeu de toute sensibilité. Je crois que même sans micro on peut élever la voix d'une autre manière pour se faire entendre jusqu'au poulailler, sans lui imposer cette déformation arbitraire et factice. En ce sens, évidemment, le cinéma et la télévision permettent de s'exprimer avec plus de vérité dans la mesure où l'on peut parler à voix basse tout en étant perçu par des millions de spectateurs.

Ces diverses considérations font que je m'éloigne de plus en plus de la scène, à l'heure actuelle, pour me rapprocher du film, télévisé ou autre.

Le théâtre, en outre, comporte un côté installé, métronome, qui ne correspond pas tout à fait à ma nature. Certes, le public se renouvelle chaque soir. Mais on répète les mêmes mots, les mêmes gestes, des semaines, des mois ou des années d'affilée. Tous les soirs on retrouve la même loge, le même bouquet, et aux mêmes heures les trois coups résonnent, le rideau se lève et se baisse. Je supporte mal cette routine.

Tandis que la caméra multiplie le changement

constant. Le travail bouge en permanence. Bref, cet instrument colle mieux avec mon idée de la roulotte.

Je reconnais également que le théâtre m'empêche de rêver, de flâner, de vivre normalement. J'admire les comédiens qui peuvent conserver une certaine disponibilité dans la journée alors qu'ils se produisent, le soir, devant le public. J'en suis incapable. Pour ma part, je me lève et me couche avec un trac qui ne me quitte pas. Je l'ai toujours eu. Aucun de mes efforts n'a réussi à le faire céder.

Peut-être parce que en scène je me donne à fond. Au point qu'à chaque fois, comme on dit vulgairement, je « mouille ma chemise ».

Faute de savoir avec la même passion me livrer à deux activités à la fois, je me réveille angoissée et m'enferme dans ma solitude pour m'imprégner de mon personnage dont rien ne saurait me distraire.

Il en va différemment lorsque je tourne. En premier lieu, cet enfermement porte sur un temps moins long. Deux mois, trois au plus. Le soir, quand je rentre chez moi, ma tâche accomplie, j'ai l'esprit plus libre. Je me prépare pour le lendemain, mais je me fais couler un bain, j'allume la télé et je peux laisser ma pensée vagabonder vers d'autres sujets.

En un sens, il est vrai aussi qu'en matière de notoriété le théâtre n'a plus rien à m'apporter. Il m'aurait amusée de travailler avec Strehler, mais je n'ai pas besoin de lui pour me faire un nom. Inversement, un ténor de son genre a sans doute intérêt à employer des comédiens inconnus.

Toutes mes analyses me portent à croire que la télévision constitue pour moi, à l'heure actuelle, le mode d'expression idéal. Je comprends que d'autres lui préfèrent le théâtre. A chacun sa sensibilité. La mienne est formée pour la rapidité. Et rien ne me fascine comme l'image.

A tous points de vue. Spectatrice, je voyage autour du monde sans quitter ma chambre. Et en quelques secondes je m'informe.

Naturellement, mieux vaut sélectionner. Dieu merci, on n'est pas obligé de tout regarder. Certaines émissions n'offrent aucun intérêt. D'autres, en revanche, sont absolument remarquables. Les magazines d'actualité, en particulier, qui en quelques flashes font prendre conscience de ce qui se passe ailleurs, au-delà de nos frontières.

Pour une paresseuse comme moi qui hésite à ouvrir un journal, cette instruction sous forme de « digest » représente évidemment une facilité. Mais surtout un gain de temps fantastique. Pour peu qu'on ait une réflexion personnelle, il suffit parfois d'une image, et on a tout compris. Les réalités qu'on découvre ainsi ne sont pas forcément réjouissantes, du moins ne peut-on plus les ignorer. Personnellement, quand je vois apparaître sur mon écran des fanatiques, le visage crispé et le poing serré, je ne peux m'empêcher de m'interroger sur les causes profondes qui conduisent des êtres humains à de tels comportements.

Je ne vais pas me livrer ici à une apologie de la télévision. D'autres s'en chargeraient mieux que moi. Je veux simplement faire remarquer que si l'on souhaite vivre avec son siècle, il devient impossible de s'en passer.

De même, en tant qu'artiste, je serais bien ingrate de la renier alors qu'elle m'a permis de me démarquer dans ma profession et que je lui dois mes grands bonheurs dans ce domaine. Mais surtout, peut-être parce que nous appartenons à la même génération, elle reste la seule écriture, le seul langage à exercer encore sur moi une telle séduction.

J'adore la folie qui s'empare de ce plateau où tout peut se produire, et le caractère si spécial de ce silence qui finit par s'établir quand la boîte magique se met en route.

Responsable du choix de mes rôles qui me rend maître à bord, je ne joue plus dans l'angoisse de déplaire à mes metteurs en scène. Cependant, comme je reste le principal promoteur de mon personnage, je dois aussi, en contrepartie, fournir double ou triple travail.

J'ai ainsi dépensé une énergie formidable pour assurer la publicité et créer l'événement autour de *Marie Besnard*.

Je sais que je réussis mieux dans ces incarnations d'une densité exceptionnelle que je peux nourrir de ma circulation sanguine. Par nature, je préfère le caviar à la carotte râpée. Mais une prestation de cet ordre constitue un investissement en temps considérable. Et comme dans l'intervalle il faut bien vivre, il m'arrive d'accepter des emplois mineurs.

Je n'ai plus heureusement l'obligation d'acquiescer à n'importe quelle proposition uniquement pour alimenter la chaudière. Je m'octroie maintenant le malin plaisir de répondre à certains médiocres : « Merci, mon salon est déjà meublé et ma salle de bains équipée. »

La réussite ne m'autorise pas pour autant à m'abandonner à la sérénité. Jamais je ne me sentirai totalement rassurée. Rien ne m'inquiète plus que le succès.

Parce que je suis lucide — qualité qui m'a souvent évité des déboires — je me demande toujours : « A présent, ma fille, comment vas-tu payer la facture ? »

Une carrière ne se déroule pas sur le mode uniforme. Notre métier implique un passage incessant du sommet au gouffre et exige qu'on ait la tête solidement accrochée aux épaules.

C'est mon cas, et si cela m'empêche d'éprouver jamais un bonheur complet, j'y puise du moins la force de me remettre constamment en question.

Mes options s'en ressentent, ce qui déroute parfois mon public surpris de découvrir baroque ou cocasse une actrice qu'il cataloguait dramatique.

Il me paraît primordial de s'enrichir d'éléments nouveaux si l'on veut éviter la sclérose. Je n'ai aucunement l'intention, pour ma part, de me transformer en mécanique pleine de tics. D'autant que je ressens impérativement la nécessité d'exprimer la diversité qui réside en moi. Faute de changer de tonalité, je me lasse vite. Et vraisemblablement, si je m'embête, je ne tarderai pas à ennuyer autrui.

Mes craintes d'autrefois ont cédé la place à une autre forme d'anxiété. Car le vedettariat impose également des devoirs, comme ce souci de la variété que je viens de décrire. Et celui de la qualité dont j'ai toujours eu l'instinct mais qu'il n'est pas toujours aisé de maintenir.

J'aurais évidemment mauvaise grâce de me plaindre car on réserve plus volontiers les rôles intéressants aux stars de ma catégorie. Si l'on ne peut jouer que « Madame est servie », mieux vaut se faire postière. Et qu'importent les contraintes si l'on a la chance d'être en tête d'affiche, même si à chaque instant la faille, le précipice vous guettent. Dans notre métier, l'orage menace en permanence. Du moins, la vedette est-elle pourvue d'un imperméable et d'un parapluie. Disons d'une certaine défense, en apparence. Car cet équipement ne suffirait pas à la protéger de la foudre.

Comme tout individu normal, j'aime mieux faire envie que pitié. Ce n'est donc pas cela qui m'afflige. Mais plutôt ce sentiment qui m'étreint, quand je m'amuse à retracer le parcours de ma carrière, que rien n'est jamais acquis. En outre, un succès tardif ne saurait compenser celui dont on rêvait pour sa jeunesse.

On n'est jeune qu'une fois. Après c'est fichu. Un bonheur qui se présente trop tard, comme un produit de remplacement, ne possède plus la même saveur.

Je suis ravie qu'on m'aborde avec mille gentillesses, qu'on me félicite, qu'on m'adore, qu'on m'adule. Mais cela ne me rassérène pas totalement. Non que je dédaigne ces compliments. Mais j'ai trop le sens de la juste valeur des choses. Cette reconnaissance qui me vient maintenant de mon talent conserve pour moi un goût amer, et je n'en retire qu'un plaisir mitigé.

Assez paradoxalement, ce bilan dans la dérision devrait réconforter mon public : je peux en effet lui assurer que je n'aurai jamais « la grosse tête ».

Ce qui ne va pas sans me créer quelques problèmes, comme je tenterai de l'expliquer dans les pages qui suivent.

10

La vedette, autrefois, se protégeait de son public qui l'apercevait voilée quand elle descendait de sa calèche pour s'engouffrer dans un restaurant.

Il ne me viendrait pas à l'esprit de me comporter ainsi, mais je me trouve malgré moi victime d'un décalage.

Artiste médiatique par définition s'il en est, je pénètre par effraction dans les foyers. Est-ce qu'on me considère comme faisant partie de la famille ? Je note seulement que la perception qu'on a de moi s'en ressent car on tend à me traiter parfois avec une excessive familiarité.

Je ne suis pas bégueule, mais j'ai mon quant-à-moi ; en d'autres termes, j'ai besoin de me préserver un peu.

Côté pratique, je suppose qu'on peut me saluer, sans me taper, même gentiment, sur l'épaule.

Je suis naturellement très heureuse quand des gens me sourient parce qu'ils m'ont reconnue, ou que je trouve en rentrant chez moi sur mon répondeur un mot aimable.

Mon drame, c'est que généralement, on ne s'en tient pas là. Avertie par l'expérience, je guette la phrase qui va suivre le premier compliment, et me casser ma joie. Du genre :

— Je vous trouve formidable, mais plutôt mieux à la ville qu'à la télévision.

Ou :

— Vous êtes merveilleuse, mais pourquoi toujours ces rôles antipathiques.

En dépit de l'habitude, à chaque fois j'accuse le choc.

On n'a donc pas compris que je suis une actrice de composition, destinée aux grands emplois. Quand j'interprète Marie Besnard, je m'efforce de lui ressembler. Mais dans le civil je n'ai évidemment rien de commun avec cette femme. Pourquoi s'en étonner ?

Je considère que si l'on m'aime, si l'on m'admire en tant qu'actrice, on doit aussi saisir que je ne fais là que mon métier d'artiste.

Apparemment non, puisqu'on continue à m'amalgamer à mes rôles.

Je ne me présente pas comme un cas isolé. La plupart des vedettes reçoivent semblable traitement. Piccoli évoquait ce problème récemment, dans une interview à *Télé 7 Jours* et semblait le supporter allègrement. En ce qui me concerne, j'en pâtis d'autant plus vivement qu'il se rappelle à moi régulièrement puisque, dans la mesure du possible, je ne choisis que des personnages forts, extrêmement nourris, d'une densité exceptionnelle, capables de me projeter dans une autre dimension.

Je n'ai aucune envie de jouer sur scène ou à l'écran ce que je vis dans le quotidien.

Alors tant mieux si on me juge plus sympathique à la ville qu'une prétendue empoisonneuse ou qu'une mère dénaturée. De toute manière, ce ne sont là ni les traits ni les caractéristiques qui m'intéressent chez ces deux héroïnes.

Folcoche m'apparaît comme une femme d'une vérité remarquable, parfaitement authentique dans son univers. Elle n'aime pas ses enfants parce qu'elle déteste leur père. Est-ce si peu courant ? Dans la vie on l'admet.

Essaie-t-on de la comprendre ? On oublie qu'elle n'a pas souhaité ce mariage. On s'effraie de cette haine qu'elle porte à son époux comme à ses aînés. On ne voit pas que c'est une passionnée. Et on minimise sa tendresse pour le tout-petit, alors qu'elle prouve sa faculté d'aimer dès lors qu'elle considère ce bébé comme le fils d'un autre.

Je suppose que le commun des mortels ne partage pas ma conception. Ainsi définie, Folcoche me touche, et je ne parviens pas à la trouver inhumaine.

En ce qui concerne Marie Besnard, l'affaire et surtout le contexte dans lequel elle se situait m'ont fascinée au moins autant que le personnage.

Peu m'importait que Marie fût coupable ou innocente. En tant qu'interprète il ne m'appartenait pas de faire pencher le plateau de la balance d'un côté ou de l'autre. Je me suis conformée à la thèse de Pottecher, l'auteur du scénario, qui, bien que convaincu de son innocence, conservait malgré tout certaines ambiguïtés. Comme il me restait, après avoir lu le texte, quelques hésitations, j'en ai discuté avec Yves-André Hubert, mon metteur en scène, lui demandant son opinion.

— Profil gauche innocente, et profil droit coupable, m'a-t-il répondu.

Sur cette boutade, j'ai bâti mon personnage.

Ce tournage, malgré tout, m'a beaucoup éprouvée. D'abord parce que ce faux-vrai procès (ce n'était pas mon premier rôle d'accusée mais la première fois que je me mettais dans la peau d'une présumée coupable ayant existé) se déroulait dans de vraies cours de justice et de vraies prisons, et que constamment la réalité venait se mêler à la fiction. Encadrée par de faux gendarmes, j'en croisais de vrais, accompagnant d'authentiques détenus, menottes aux mains. On a beau s'y attendre, ça fiche quand même un choc! A la prison de Corbeil, on m'avait prêté une vraie cellule dont les occupants rentraient me déloger sur le coup des cinq heures. Je leur ai signé des autographes, comme ils le souhaitaient, avant de recouvrer ma liberté. Il faut pouvoir s'adapter!

Je passe sur nos stations pénibles au cimetière pour les scènes d'exhumation.

Car ce que j'ai surtout examiné de près, touché du doigt, et ce qui m'a marquée, c'est la fragilité de notre justice, des témoignages, des expertises sur lesquels elle repose.

Je sais bien qu'il y a eu des réformes, des progrès, qu'on en fera d'autres, et que ce n'est pas ma tâche, mais celle du garde des Sceaux, de la remettre en question. Je n'en reste pas moins, après cette expérience, en proie à un grand doute.

Je me réjouis qu'on ait acquitté Marie. Avec son temps de prison et ses années d'angoisse, cette femme a chèrement payé, à mon avis, une faute qu'elle n'avait peut-être pas commise.

Je me suis rendu compte, au fil de ce procès, que nul n'est à l'abri (plus en province, sans doute, où les distractions manquent que dans la capitale) des ragots et de l'inimitié de ses voisins. Sans aveux ni flagrant délit, comment porter un jugement sûr quand on ne dispose, pour fonder sa conviction, que d'éléments de psychologie ? Et faute de certitudes, selon quels critères peut-on décider d'enfermer un individu ? Peut-on inversement ouvrir en grand les portes des prisons et laisser circuler tranquillement des criminels potentiels, au risque de mettre la société en danger ?

Je ne détiens pas la réponse à ces interrogations. Et ce constat d'impuissance me bouscule toujours. Je crois cependant que je me suis beaucoup enrichie, personnellement, en approchant ainsi le cas Marie Besnard. Et il me paraît dommage de le réduire au seul problème de l'innocence ou de la culpabilité.

Si l'on insiste pour m'assimiler à mes rôles, qu'on me confère au moins la dimension que je leur donne !

En réalité, je demeure quand même très surprise qu'on se méprenne sur mes intentions car à chaque fois que j'aborde la construction d'un personnage important, je consacre une énergie folle à les expliciter par voie de presse. Sur les ondes et dans les journaux, j'entre longuement dans le détail. Aucun résultat. Autant siffler dans un tonneau ! Dès le lendemain, je tomberai sur un gars qui me demandera :

— Que préparez-vous actuellement ? On ne vous voit guère ces temps-ci !

— Ecoutez, je suis passée hier à treize heures, sur TF 1.

— Vraiment ? Je ne regarde jamais les informations.

— Cette semaine, tous les hebdomadaires mentionnent ma prochaine émission.

— Je ne lis que des quotidiens.

Evidemment, tout s'éclaire. Mais j'en conserve parfois l'impression peu agréable de crier dans le désert, ou de parler javanais. Loin de m'être hostile, mon interlocuteur m'aime et voudrait que je m'installe paisiblement face à lui pour lui raconter ce qu'il pourrait savoir pour trois ou cinq francs. Cela m'agace de me répéter, et où trouverais-je le temps de le faire ? Et je me dis qu'il ne sert à rien que tel ou tel journaliste ait pris la peine de rédiger trois colonnes sur mon compte !

Je n'en veux à personne mais je n'apprécie pas ce sentiment de me trouver bâillonnée et coincée, comme derrière des chevaux de frise.

Je pense utiliser un langage clair, j'assume ouvertement mes choix, mes emballements, mes échecs. Il me semble qu'on devrait m'entendre. Et je suis troublée, car à l'évidence l'information ne passe pas. Mon principal problème, à l'heure actuelle, reste de me faire comprendre.

Je rencontre, dans mon métier, une autre forme de difficulté : apparemment, j'impressionne. Mon neveu, enfin l'ami de ma nièce, Vincent Gauthier, qui interprète du Clouzeau dans le procès, l'un des avocats de Marie Besnard, m'a rapporté que des comédiens s'étaient exclamés à mon propos tout en s'habillant :

— On avait peur d'Alice. En fait, elle est chouette, et même formidable !

Peur ? Je ne vois pas pourquoi. Qu'ai-je de si terrifiant ? Excessivement disciplinée, je fais mon boulot calmement dans mon coin. Je n'ai pas coutume d'agresser mon entourage et je n'embête pas le monde. Les équipes techniques, mes camarades de plateau m'adorent, et ne rêvent que de retravailler avec moi. Alors pourquoi ces idées préconçues à mon sujet, cette déformation de mon image ?

Qu'attend-on de moi pour se montrer aussi effaré de me découvrir sous mon vrai jour ? Des caprices de star à la mode d'Hollywood ? Merci. Fini, les années trente ! Ça ferait un peu ringard. De toute manière, ce n'est pas dans ma nature.

Ayant, pour ma part, la conscience en paix, je préfère ignorer les monstruosités dont on m'accuse.

En revanche, je suis affligée de constater que même ce monde du spectacle, auquel je participe, et qui, en toute logique, devrait m'intégrer, me considère souvent comme une excentrique.

L'artiste dans mon esprit, par essence, n'entre pas dans les normes. Ni sa personnalité ni ses rôles ne l'y conduisent. Je ne prétends pas qu'il faille s'en glorifier. Mais quand je m'aperçois que ce milieu est à ce point dépourvu de fantaisie, je suis un peu déçue, car je l'avais précisément sélectionné dans l'espoir d'y retrouver mes pairs, avec une volonté de fraternité, pensant m'y baigner à l'aise comme un poisson dans l'eau.

Tout cela me perturbe, naturellement. Hypersensible, j'en ai souffert. Puis j'ai fini par m'adapter. Quelle autre solution ? Une inquiétude subsiste : qui voudrait-on que je sois ? En découle cet autre tourment : qui suis-je ? Je crains parfois d'y perdre une part de mon identité.

A cet égard, ma grande aventure de cette année 1986 qui achève de s'écouler a moins été la diffusion en avril de *Marie Besnard* (je l'avais moi-même orchestrée), que cette édifiante preuve du « Jeu de la Vérité » à laquelle m'avait conviée Patrick Sabatier.

Je m'y suis présentée — comme toujours — sans masque, dans ma sincérité, et je reste ébaubie, non seulement d'avoir battu des records d'audience, mais vu grimper, à cette occasion, ma cote de popularité jusqu'à des hauteurs vertigineuses.

Depuis j'ai peur. Deux heures durant, on m'a cuisinée sur ma vie privée. J'en ai une, comme tout le monde, mais quel intérêt ? Je croyais mon public curieux de mon travail. J'observe avec consternation qu'il paraît plus friand de mes drames affectifs et de mes options personnelles que des incarnations que je lui propose.

Là, je suis larguée. Je m'attends la prochaine fois à devoir divulguer la couleur de ma brosse à dents ou la marque de mes slips.

Je sais que la vedette a des obligations, mais je voudrais à l'avance qu'on me pardonne car j'ai bien l'intention, pour ma part, de conserver un peu de mon mystère. Et même si je suis flattée qu'on rende hommage à mes qualités de cœur, je ne voudrais pas que cela porte ombrage à ma carrière.

Sur ce plan, je respecte mes devoirs. A de rares exceptions près, lorsqu'on me sollicite pour un reportage, je m'exécute gentiment. Donc, ce qui m'intrigue dans cette soif des gens de tout savoir de l'existence des stars, ce n'est pas tant le phénomène en soi, qui a toujours existé, que l'ampleur qu'il prend à présent sous l'impulsion des médias.

On m'assure que je fascine les foules quand on me filme en train d'éplucher des légumes dans ma cuisine (*cf.* Canal Plus) ou de briquer ma salle de bains. Moi, je veux bien. En revanche, j'ai refusé le saut du lit de Wermus. Question d'humeur, sans doute. Ou plutôt, je me fixe des limites.

Mais il semble qu'on s'engage ainsi sur une voie invraisemblable.

Face aux médias, je ne saurais mieux comparer notre sort d'artistes qu'à celui des politiques — hommes ou femmes (pas de sexisme).

Comme nous ils doivent choisir : carrière ou vie personnelle. Encore nous permet-on de divorcer plus librement, ce qui, sur le fond, revient au même. De toute manière, on a des comptes à rendre. Tout un chacun s'immisce dans nos affaires. Pas d'existence privée pour la personnalité publique. Sortie égale représentation, d'où qui-vive permanent.

Nous obéissons aux mêmes impératifs : trouver des adhérents et gagner leur confiance. Eux chiffrent leurs voix, nous nos entrées. La démarche est comparable.

Rien d'extraordinaire, en conséquence, à ce que la caméra se penche aussi sur leur intimité. Il paraît que ça plaît au public de voir nos ministres agiter leurs marmites ou moucher leurs gosses. Après nous avoir exhibé leurs photos de famille et leurs bancs d'école, la télé se rend maintenant chez eux.

Je n'ai rien contre. Ce style nouveau nous vient des Etats-Unis, me dit-on. Pourquoi pas? Sans hostilité, je note perfidement que le président de ce pays est un ancien cabot.

Nous avons les nôtres. De Gaulle plaçait ses effets comme un professionnel. Il déclenchait artistement le rire des journalistes dont il profitait pour reprendre son souffle. Giscard manie l'accordéon, Jospin pousse la chansonnette...

Ce qui me dérange — naturellement, c'est là que je veux en venir — ce n'est pas tellement que nos dirigeants se banalisent en langeant bébé ou en mitonnant la soupe devant leurs électeurs, ni que la politique se transforme en spectacle, mais c'est qu'on continue, sans avoir évolué, à nous servir malgré tout le même discours.

Car le langage, lui, contrairement aux apparences, n'a pas changé. Je n'entends d'autre message que : « Votez pour moi. Je vous promets la lune. » Et ce message-là, quel que soit l'air sur lequel on me le chante, ne me convainc pas.

Je me mêle assurément de ce qui ne me regarde pas, mais puisqu'on empiète sur mon terrain en jouant à l'acteur, je m'estime doublement titillée : de par mon métier, et en tant que citoyenne.

Alors quelques conseils sous forme de mise en garde : je connais tous vos trucs, je sais quand vous mentez et quand vous avez le trac. Attention aux banalités : chaque minute de télé coûte trente millions ! L'ennui ne pardonne pas. Et le mensonge non plus, à long terme. On ne trompe pas le public.

Si vous souhaitez être écoutés, assez de promesses. Un peu de courage et de clarté et — pourquoi pas ? — la vérité. Là résiderait la nouveauté.

Je m'égare dans l'utopie et m'en excuse. N'ayant pu jouir en son temps de mon enfance, je m'autorise maintenant quelques naïvetés. Mais comme je conserve malgré tout une certaine lucidité, et que je n'ignore pas que tous les partis cherchent à me gagner à leur cause, histoire de récupérer une partie de mon audience (sans se soucier de me priver du reste), j'aimerais m'exprimer très nettement sur ce point : je ne me situe ni à droite ni à gauche, mais en 1986 ! (Et en 1988, pour les présidentielles.)

Le bulletin que je glisse dans l'urne ne concerne que moi. Je voterais volontiers pour un homme politique qui aurait le culot d'annoncer : « Misez sur moi. Je ne pourrai tenir aucun de mes engagements », ce qui aurait le mérite de signifier qu'il a du moins le sens des réalités. Il est probable que, dans le lot, je finirai par découvrir un poulain intelligent, capable de mettre les pendules de la France à l'heure de la modernité, et de gérer cette dernière au mieux des intérêts du plus grand nombre. Quant aux saltimbanques, je leur refuserai ma voix.

Je nage souvent à contre-courant, mais de préférence à bon escient. Certes je regrette que les médias — en fait la télé — à tous niveaux, dans tous les domaines, exercent désormais une telle influence sur nos existences, en nous imposant leur verdict aussi fermement que tombe le couperet de la guillotine. Mais je n'aime pas lutter inutilement. Peut-on freiner le mouvement ?

L'important, à mes yeux, est déjà le constat. Puisque le jeu s'est modifié, essayons de nous acclimater. Pour évoquer mon cas, il est vrai que ça m'agace qu'un passant m'interpelle alors que je prends un verre à une terrasse par un :

— Salut, Jex Four !

Je ne le ressens pas comme une attaque personnelle. A force de me regarder pendant le dîner, ce type me prend pour une copine.

Mon public, c'est la rue, et cette boîte de Pandore a chamboulé les mœurs.

En compensation, je reçois bien des marques d'affection ou d'extrême gentillesse qui me touchent beaucoup.

Une femme charmante m'a confié hier discrètement dans l'autobus, au moment où je descendais à ma station :

— Madame Sapritch, je vous admire !

Je sursaute, en revanche, si l'on m'aborde sans crier gare quand je travaille sur un personnage (je ne tiens pas forcément une brochure à la main). Qu'on casse le fil de ma réflexion me gêne vraiment.

Etre ainsi livré en pâture à la curiosité n'encourage guère à circuler.

Je n'explore plus les restaurants parce que, neuf fois sur dix, on me demande de signer le livre d'or avant de m'avoir débarrassée de mon manteau ou tendu la carte. Je ne veux même pas lire ce qu'on y écrit. Joli cadeau dont on se gâte sur notre dos ! « Le livre d'or ? » plaisantait Guitry, « laissons-le dormir ! »

Je n'apprécie pas non plus qu'on m'invite pour m'exposer comme un ours en cage.

Chaque vedette échappe à sa manière à ce genre de désagrément. Poiret expliquait un soir, dans une émission, qu'il sortait de moins en moins :

— Si je me tais, on me trouve sinistre ou on me croit malade. Et moi je n'ai pas systématiquement envie de faire un numéro.

Comme lui, je garnis mon Frigidaire, et je reçois plutôt mes amis.

Mais on ne peut pas toujours occuper une position de repli. Ma fonction médiatique m'oblige à prendre des risques.

Certaines émissions auxquelles je participe s'avèrent particulièrement dangereuses. J'affectionne « les Grosses Têtes », de Philippe Bouvard, où règne une certaine tenue.

Vigilante, je ne dors que d'un œil. J'ai dû ainsi clouer le bec, il y a quelque temps, à mon copain Thierry le Luron.

Je crois que j'ai de l'humour et j'adore plaisanter, cependant il n'est pas toujours aisé de contrôler l'ironie, et le rire dérape facilement vers un terrain de mauvais aloi.

Ainsi l'expression que j'avais trouvée, au cours d'une répétition, pour nourrir le dialogue un peu sec d'une pièce, et que le metteur en scène avait insisté pour conserver, est devenue le gag « Chéri chéri », frôlant le vulgaire, qui m'a irritée. Surtout en raison de son effet boule de neige : je ne pouvais plus me rendre nulle part sans qu'on m'apostrophe avec cette formule.

Dieu merci, j'ai suffisamment de micros et de caméras à ma portée pour pouvoir répliquer. Paris m'amuse encore car je paie toujours mes factures moi-même, en bonne monnaie sonnante et trébuchante. Mon Luron en a fait l'expérience. Il m'a demandé, comme à tous ceux qu'il écorche, une phrase pour son livre *l'Epingleur épinglé,* et voici ce que je lui ai écrit :

« Assieds-toi en face de moi, là. Un peu plus haut, je ne te vois pas. Mettez-lui un ou deux Bottin sous les fesses. Ah ! comme ça, je te vois mieux. Tu es à ma hauteur. Nous allons pouvoir dialoguer.

— Oh non, pas ça ! Pas ça, j'ai peur ! Moi, je ne sais rien. Moi je n'ai pas l'habitude. Moi je n'ai pas un vrai visage, de vraie voix, de vrai corps. Moi je suis toujours seul à attaquer dans le vide.

— Justement. Pendant des années je t'ai laissé amuser ton parterre à mes frais, mais mon public est las de tes plaisanteries crochetées dans les greniers de nos grands-pères. Et comme je suis née sous le signe du Lion, je me réveille de ma torpeur pour te dire que nous sommes toujours de vieux copains, mais qu'il est urgent pour toi d'avoir une vraie identité d'amuseur. Ma devise est : « Aujourd'hui c'est déjà hier. » Je te dis donc : « A demain, copain Thierry. »

Il a fait amende honorable sans vraiment digérer « je suis toujours seul à attaquer dans le vide ». Curieux comme ces imitateurs sont susceptibles. A croire qu'habitués au monologue ils n'aiment que les admirateurs. Pour l'écho. Plaisir du boomerang.

Moi, je veux bien partager le gâteau, mais pas à mon détriment, pas au préjudice d'un nom que j'ai mis quarante ans à me faire. Thierry a encaissé et m'a bricolé une cote mal taillée dont je me satisfais, du style (toujours en me plagiant) : « Vous savez très bien que maintenant je ne l'imite plus ! »

Le renard guette toujours au grillage. Et quelle fatigue de surveiller sa basse-cour ! Mais une carrière, c'est ça ou la guerre de maquis, avec les ennemis qui se cachent dans la broussaille. Je ne compte pas Thierry parmi les miens. Il se contente de butiner. J'en ai quand même quelques-uns, glanés au fil du parcours. Sournois, mauvais, comme il se doit. La qualité essentielle d'un ennemi étant sa mauvaise qualité.

Aussi suis-je conduite, malgré moi, à me corseter en permanence.

Dans un autre registre, je peux signaler également une mésaventure qui m'est advenue récemment. Je recevais une journaliste qui m'interviewait quand un inconnu m'a téléphoné gentiment pour me complimenter.

Elle m'a aussitôt questionnée :

— Où s'est-il procuré votre numéro ?

— Dans l'annuaire, tout bêtement. Ce qui évite de chercher crayon et papier si quelqu'un veut le noter. Pour moi, le téléphone constitue un mode rapide de communication. Par ailleurs, j'ai horreur d'écrire.

Je lui livrais là, sans méfiance, une sacrée information, qu'elle a scrupuleusement consignée dans son article, en insistant bien, pour conclure : « Alice Sapritch adore qu'on l'appelle. »

Bilan immédiat, dès la parution de cet hebdomadaire qui tire à des millions d'exemplaires, je me suis métamorphosée en standardiste, courant toutes les quinze secondes pour répondre à des individus qui me tombaient de la lune.

Résultat net : à présent que je dispose d'une seconde ligne, je branche sur celle de l'annuaire le répondeur que j'utilisais auparavant durant mes absences. Ma bande consigne nombre de messages délicieux, mais quelques-uns m'insultent ou me traitent de menteuse, furieux de ne pouvoir me joindre comme ils l'espéraient au bout du fil.

J'enrage que cette maladresse ait déclenché une sorte d'hystérie collective qui m'a contrainte à réviser un mode de vie équilibré et précieusement instauré depuis près de trente ans. Et je me désole, faute de pouvoir lui consacrer totalement mon temps et mes énergies, de tenir désormais mon public à distance.

Cette expérience m'amène, en revanche, à réfléchir sur le comportement de ce dernier à notre égard.

Face à nous, chacun se croit seul et pose les demandes les plus ahurissantes : un pâtissier me suggère d'inaugurer sa boutique, un professeur publiant un ouvrage de me rendre en province pour l'assister dans sa séance de signature, un chimiste cherche à devenir acteur...

Comment répondre autrement que par un non franc et massif?

Le prétendu intérêt qu'on nous témoigne me plonge dans une certaine perplexité. Et je crois surtout que, sans tenter d'approfondir, on se fait une fausse idée de la vedette.

Je suis tombée dernièrement, chez ma petite coiffeuse de quartier (que je préfère aux grands salons qui voudraient bien ma clientèle, mais où je serais moins tranquille), sur un vieux numéro de *Jours de France* titrant à la une : « la Détresse d'Iglesias ».

J'ai lu le papier qui ironisait : il n'est pas heureux. Mais avec ses villas, ses piscines, les femmes à ses pieds, de quoi se plaint-il ?

Ne connaissant pas Iglesias, j'ignore son cas. Mais j'ai conscience qu'il est d'autres problèmes que ceux d'ordre matériel, et qu'une détresse morale tourmente autant que des misères physiques.

Je n'apporte là qu'un éclairage. Je ne prétends pas refaire le monde. Et je conçois que cela indiffère ceux qui grattent huit heures par jour dans un bureau ou ailleurs au rythme métro-boulot-dodo. Je ferme donc le bureau des pleurs, d'autant qu'il me semblerait inconvenant de gémir plus avant sur les avatars d'une célébrité qui personnellement m'enchante et que je me suis donné grand mal pour obtenir.

Mais comme j'ai déjà, de par mon travail, cotisé au prix fort, je récuse, de manière définitive, cette phrase ordinairement censée nous rabattre le caquet sur le sujet : « C'est la rançon de la gloire. »

Que justifie-t-elle ? Pour moi, dans le mot rançon il y a l'idée de sanction, et je prétends à une récompense.

J'ai les pieds sur terre. Je prête très attention à ne

pas jeter le bébé avec l'eau du bain. Mon emploi ne me permet pas de fuir, même partiellement, l'univers des médias, bien que j'en rêve parfois.

Il m'arrive d'envier un être comme Henri Michaux, cet artiste admirable qui a su accomplir une œuvre sublime tout en se préservant des servitudes de la gloire, et qui est mort sans nous avoir montré son visage.

Si l'on refuse une interview. Il faut les refuser toutes. La renommée ne s'accommode pas de demi-mesures.

Alors comme l'idéal, au fond, c'est d'être bien dans sa peau, voyons plutôt comment je colle à la mienne.

11

Rude entreprise qu'un autoportrait. Aussi, résumons-nous : comme tout être humain normal, je possède à la fois qualités et défauts. Et je fais ce rêve délirant qu'on m'accepte telle que je suis. Mieux : telle que je me vois. A défaut de celle qu'on croit.

Tout de suite l'axe fondamental autour duquel s'organise ma personnalité : la versatilité. Au bon sens du terme, naturellement, c'est-à-dire cette multiplicité et cette mobilité propres à ceux qui vivent dans l'imaginaire.

D'où cette figure cabossée, cahotée, chaotique plutôt, que je présente. Comme le ciel de Paris, je change de coloration au gré de mes humeurs, ces dernières évoluant en fonction des bonheurs ou des agressions de la journée.

Je réagis aux situations en tournant sur moi-même comme autour d'un pivot pour offrir la facette qui convient, et retire de cet état un confort certain. Outre un gain d'énergie, il me procure quelques avantages, telle une grande faculté d'adaptation.

Je me plie avec souplesse à toutes les nécessités. Pas de loge sur un tournage ? Je m'incline devant l'adversité, et me laisse habiller dans un bout de couloir ou un coin de poulailler, sans gâcher mon temps et celui d'autrui à protester du respect dû à ma qualité de star. M'inscrire au chômage en attendant qu'on me convoque pour un rôle ? J'en cherche un autre.

Cette flexibilité évidente suppose quelques inconvénients, et m'attire des reproches. Insaisissable comme Mercure, je suis taxée d'inconstance. On me compare à une girouette.

Je peux effectivement déclarer aimer les voyages un jour, et me renier le lendemain. Ma contradiction n'est qu'apparente. Tout dépend du contexte.

Je réfute les catégories et conçois que cela déroute. Je ne veux pas qu'on m'estampille comme un bestiau, ni qu'on m'inscrive sur des listes, mais pouvoir changer d'opinion et décider librement de mes choix. Je tiens à rester inclassable. Tous les systèmes sont réducteurs.

A cet égard, je voudrais préciser que quand je dis aimer les jeunes ou les homosexuels (et les intellectuels ?) je n'implique pas n'aimer *que* les jeunes, ou *que* les homosexuels. Pourquoi agrémenter mon propos de cette connotation bizarre ?

Mes prises de position (et non mes positions, laissez-moi *prises,* je vous prie) sont sans ambiguïté. Les jeunes constituent les forces vives de l'avenir. Identification, compensation de ma part ? C'est cet aspect riche de potentialités qui m'intéresse chez eux.

Quant aux homosexuels, le plus souvent gais et pleins d'esprit, ils sont légion dans mon métier. Devrais-je me priver de leur compagnie quand je les apprécie ? Je ne les porte pas pour autant tous dans mon cœur. En outre, même si je la devine, je n'ai pas coutume d'interroger sur leur sexualité les gens que je fréquente.

Ce point clarifié, poursuivons.

Je suis susceptible, donc. Et, contrairement aux apparences, timide également, voire complexée. Réservée à l'excès.

J'ai appris très jeune à vivre comme un chien galeux. Je n'ai pas été habituée à ouvrir mes fenêtres pour extérioriser mes angoisses. Je me cache avec elles dans ma chambre avec pour seul témoin mon paquet de cigarettes.

C'est ma forme de dignité. Très orgueilleuse, je préfère ne me montrer qu'à mon maximum. J'épargne mes soucis à ceux que j'aime, c'est la moindre des politesses. En contrepoint — toujours ma tactique d'extraire le bon du mauvais — je sais fort bien les utiliser pour me débarrasser d'un importun. Je m'invente des ennuis, me livre à une surenchère, et il ne tarde pas à déguerpir. Je recommande ce procédé imparable qui mériterait d'être breveté pour faire le vide autour de soi.

J'ai un grand désir d'authenticité, mais je reconnais qu'il s'agit d'une qualité rare, difficile à trouver en soi comme chez les autres.

Je circule dans un métier où le mensonge, la mythomanie, la mégalomanie sont de mise. On y porte beaucoup le strass et la fausse pierre. Il faut toujours épater l'autre, ruser sur ses cachets, s'inventer trois contrats en attente de signature si l'on ne veut pas qu'on vous méprise.

Tout cela m'est complètement étranger. Pourquoi ne pas s'assumer, modestement, et venir sans masque, dans sa vérité.

Ça me fâche qu'on parle de mon « personnage » comme si je l'avais fabriqué. Je n'ai jamais produit le moindre effort dans ce sens. A la scène je joue. A la ville, je ne truque pas. Je me contente d'être moi-même. Et depuis que j'ai demandé à un ami publiciste ce qu'il pensait d'un ministre et qu'il m'a répondu :

— Pas grand-chose. On ne peut pas l'imiter, donc il n'a pas de personnalité.

Je me rassure qu'on me caricature, en songeant que ça prouve au moins que j'ai du caractère.

Je comprends bien qu'on me considère comme un phénomène, mais je me sens normale dans ma singularité. Je connais mon physique, mon âge, mes possibilités, et je m'évalue à ma juste mesure.

En revanche, je ne souhaite pas qu'on exagère, en noircissant le tableau et tronquant mon image, quoique j'imagine que cela participe de la fonction.

Je m'habille plutôt normalement. Chic si j'en ai envie. Quand je portais des turbans, on me croyait chauve. Que je mette un chapeau, on ne voit que lui. Le plus souvent, je vais tête nue, et on ne le mentionne pas.

J'ai le sentiment parfois que tout en moi est prétexte à verbiage, et hélas à fantasmes. Je m'y suis résignée. Mais le toc est à l'opposé de cette authenticité que j'ai toujours recherchée.

Je conviens que je ne suis pas comme tout le monde, mais à part. Je diffère par ma perception et mon entendement. Je n'ai peut-être pas le même œil ni la même oreille. Je ne partage pas la même vision ni la même écoute.

Et l'important pour moi demeure qu'on dise que je suis une actrice. Une bonne actrice, qui joue bien.

Je tiens l'affiche, mais je ne prends pas de grands airs. Rassurez-vous, je ne me minimise pas. Je me sais mieux que Tartemuche ou Tartemolle. Si on a l'étiquette sur la bouteille, à quoi bon agiter une pancarte ?

Je n'ai rien obtenu que par mon travail, en me fatiguant le poignet à soulever des montagnes de difficultés. Mais je ne goûte jamais au nirvāna total, parce que dans toute pomme il peut y avoir un ver. Chaque réussite me remet en question, et je retourne à mon point de départ. Satisfaite, certes, mais jamais complètement car consciente, ce qui régénère ma force.

J'imagine que cela équilibre en substance l'énergie que j'avais trop souvent gaspillée avec des gens « d'un mauvais métal » — pas méchants, mais médiocres — comme ce « Fils de personne » qui constituait le sujet d'une pièce de Montherlant.

J'ai mis un point d'arrêt. Et je me reproche cette attirance où domine la répulsion comme un vice. Je suis l'alcoolique qui ne peut s'empêcher de se rendre dans les bars, à cette nuance près que je n'y bois que de l'eau. La tristesse sans le plaisir. Goût du risque, proche de celui du jeu qui me remémore ces bouges d'Istanbul auxquels je tentais d'arracher mon père.

Ma mère, pour sa part, m'a communiqué son humilité et sa peur de déranger. Est-ce également par crainte du mauvais œil ? Je répugne à provoquer la jalousie et l'envie. J'ai besoin de me faire pardonner le *plus* que je détiens en répartissant ou en partageant certains de mes privilèges.

Concrètement cela signifie, par exemple, qu'au lieu de rentrer seule d'un tournage dans la voiture qu'on met à ma disposition avec un chauffeur, je ramène d'autres comédiens. Mon travail est plus fatigant que celui d'un figurant, et je juge normal qu'on m'offre cette facilité. Cependant il me serait insupportable d'en profiter égoïstement.

Ma doctrine ne se réclame ni du communisme ni de l'égalitarisme. Je ne crois pas à l'égalité absolue. Mais je pense simplement que si chacun se disciplinait pour redistribuer un peu de ce qu'il possède en trop, on arriverait aisément à une meilleure harmonie.

Un ami richissime devant lequel je m'exprimais ainsi m'a expliqué que j'ai « le complexe de la pauvreté ». Peut-être. Car j'ai longtemps connu cette condition.

Peu importe. Ainsi s'établit mon socialisme à moi. En tant qu'individualiste, je raisonne en particulier, et non globalement. A chacun ses cas de conscience.

L'argent, en outre, ne constitue pour moi qu'un moyen d'échange. Précieux, certes, puisqu'il m'assure à la fois dignité, paix et liberté. Mais sans plus.

D'ailleurs, si l'on m'envie, ce n'est pas pour ma fortune.

— Comme tu as de la chance, ma chérie ! soupirait récemment une amie en me voyant, chez Dior, régler le vison que je venais d'acheter.

— Pardonne-moi, mais quelque chose m'échappe. Tu as six manteaux de fourrure toi-même, et un mari milliardaire. En quoi suis-je mieux lotie ?

— Si tu savais le cinéma, le cirque que cela représente d'obtenir...

Evidemment, on n'a pas le même métier. Nous sommes convenues qu'elle fait marcher son charme tandis que je me trempe les pieds dans la boue, après m'être levée parfois à l'aube pour sortir tourner en hiver.

— Tu voudrais à la fois tes aises, et ma notoriété ?

— Exact !

Nous avons ri.

Cette anecdote me relie à un autre aspect essentiel qui me caractérise : je n'oublie jamais que je suis une femme seule. Seule à la barre pour gérer ma vie, seule à me bagarrer, à signer mes chèques et m'occuper de ma santé.

Je n'ai pas les moyens de faire la folle en roulant sur la jante. Je dois me préserver de tout ce qui pourrait entraver ma sécurité ou mon autonomie. Et je veille en permanence à ce qu'on ne porte pas atteinte à ma liberté, comme on se cramponne à un sac à main qu'on craint de se faire enlever.

Très négligente un temps, je ne me laisse plus maintenant cornaquer chez n'importe qui. Ce qui me rappelait sans doute ma jeunesse et Saint-Germain-des-Prés dans le côté : « On va chez Untel, je ne sais pas qui c'est. »

Toujours ma curiosité pour la psychologie, j'observais ces populations étrangères d'un œil d'entomologiste. Mais comme je risquais de m'enliser, j'ai changé de lunettes et pris un autre trottoir. Et c'est irréversible car j'y gagne en qualité. Pour ma part, je trouve agréable de me faire désirer. J'aime bien qu'on me mérite.

Ce qui ne m'empêche pas d'être attentive aux autres. Je tire une grande fierté de l'avoir toujours été. Je conçois aussi la vie en termes d'échange.

Très sensible au moindre témoignage de gentillesse, je serais d'autant plus blessée de penser que je terrifie des camarades pendant un tournage que je me tiens scrupuleusement à ma place dans l'esprit de ne pas les gêner.

Je me prête aux concessions et me plie à bien des exigences pour maintenir de bonnes relations sur un plateau.

Mais la vérité n'est pas un jeu, comme le déclarait une de mes admiratrices à mon répondeur. Sûr, elle a plusieurs faces. En outre, pas de bonne apologie sans autocritique.

Alors je reconnais savoir aussi que si je me raidis, je risque de tout casser, car j'ai des colères violentes. J'essaie donc de mettre une sourdine, de « négocier le virage », comme je dis. Et je me console en ruminant une de mes formules favorites : « Un con devient toujours un sale con. »

Trêve de philosophie, car je voudrais encore ajouter que si j'ai beaucoup lu par le passé, j'ai surtout appris à l'école de la vie, par l'observation, probablement en cherchant à travers autrui un éclairage ou une solution à mes propres problèmes. Je cultive la manie de Diogène de demander toujours à ceux que je rencontre : « Etes-vous heureux ? »

Vous n'y couperez pas. Je vous la pose aussi. Assez parlé de moi. Parlons un peu de vous.

12

Même si je ne réponds pas à tous les appels ni aux lettres que je reçois — je ne peux me démultiplier, et mes journées, comme celles de tout le monde, ne comptent que vingt-quatre heures — je n'en reste pas moins à l'écoute.

Ces demandes expriment des désirs et me frappent, hélas, le plus souvent, par leur totale inefficacité.

Par principe, je ne donne jamais de conseils, car je considère qu'ils ne servent à rien. Chacun doit faire ses expériences.

Comme je me compare malgré tout à un puits de pétrole qu'on négligerait d'exploiter faute de savoir comment atteindre le gisement, et que cela me tourmente beaucoup car je possède les plans d'un derrick, je me sens tenue d'apporter ma modeste contribution à une meilleure communication générale en proposant quelques observations marquées au coin du bon sens.

Je trouve d'abord qu'on s'y prend mal. Aussi, première nécessité : si l'on frappe à une porte, s'assurer au moins qu'elle puisse s'entrouvrir.

Ainsi ceux que mon argent intéresse, et qui voudraient que je place des fonds chez eux devraient quand même se douter que je ne vais pas me livrer, par les temps qui courent, la poitrine au vent, pour me faire dépouiller comme au coin d'un bois. De toute manière, je traite avec mon banquier.

Deuxième loi : bien circonscrire le sujet.

— Je voudrais travailler, faire quelque chose qui me plaise.

Certes. Mais si vous ne connaissez pas votre désir, je ne risque pas de le définir pour vous.

Ne me demandez pas non plus l'impossible : si vous avez la gueule de Sim, ne rêvez pas d'être Alain Delon. Et si vous souhaitez devenir artiste, interrogez-vous plutôt sur vos dispositions. Ce métier ne s'apprend pas. Il se sent de l'intérieur. On peut se perfectionner, mais c'est avant tout un état d'esprit, un état d'âme qu'on acquiert à la naissance.

Vous voulez la recette pour être connu ? Vous pensez comme c'est facile !

Admettons que vous ayez une bonne raison de contacter une personne exerçant une fonction importante, ou une vedette. N'oubliez pas qu'il s'agit d'une éponge surchargée d'eau. Elle est très occupée et sa compagnie très recherchée. La concurrence sera rude.

Alors il convient de l'intéresser dans un temps très court, donc d'aller vite. Et fort ! Pour cela, une règle d'or. Celle de tous les vainqueurs : la grosse artillerie d'abord, quitte à rectifier le tir ensuite.

Pour faire plaisir à un vague copain, j'avais accepté de voir son fils à qui j'avais fixé rendez-vous au Flore. Ponctuelle, j'arrive. Il m'attendait. Le gosse entreprend de me raconter banalement qu'il voudrait faire du cinéma. Au bout de deux minutes, surgit sa pépée qui vient se joindre à nous. Ils se prennent la main, se bécotent, me présentent un de leurs amis...

J'ai réglé l'addition et les ai plantés là.

Je m'en moque, mais j'estime que ce garçon n'a pas su mettre à profit la chance et le temps précieux qui lui étaient accordés.

Le papa m'avait préparé le terrain. J'étais réceptive. Mais dans de telles circonstances, comme à la télé, la minute coûte cher. Il faut être précis. On n'est pas là pour décrire le ciel et la terre en remontant aux origines de l'univers.

Il me paraît important également, voire essentiel, de savoir se placer du point de vue de l'autre. D'abord en se présentant. Il est désagréable pour lui d'ignorer à qui il a affaire, comme d'ailleurs de se trouver sollicité. Il n'est pas obligé de répondre. S'il accepte, alors on peut peut-être penser qu'on va le déranger, ne s'y risquer qu'à bon escient, sans trop d'insistance, et avoir au moins le souci de lui offrir une contrepartie.

Il faut nous motiver pour nous intéresser. Mettre un peu de charbon dans la chaudière si l'on veut qu'elle fonctionne. Personnellement, je suis prête à investir, mais pas à fonds perdus.

Tout cela coule de source. J'ai malheureusement la désagréable impression d'enfoncer des portes ouvertes.

Toutes ces demandes auxquelles je ne peux souscrire, qu'elles soient mal formulées ou ne présentent aucun attrait, m'affligent et m'attristent.

Je songe qu'au milieu de ce fatras qu'on m'adresse, il existe peut-être un moulin auquel je pourrais verser mon eau. Mais autant chercher une aiguille dans une meule de foin !

Est-ce ce sens oriental de l'aumône que m'a transmis ma mère qui m'imposait de visiter un pauvre, qui intensifie ce regret que j'éprouve de ne pouvoir contenter ma propre envie de partager ?

Je crains, hélas, qu'il ne soit bien difficile de donner.

J'avais, à ce sujet, eu l'idée d'un roman que j'intitulais *la Mort de Pédros,* qui développait l'histoire d'un homme âgé, isolé, richissime, une sorte d'Onassis vivant dans mon quartier qui, sentant sa fin approcher, se met à réfléchir sur le vide de son existence.

Il décide que le seul moyen pouvant lui permettre de réparer cette débâcle est de s'intéresser à un être. Il contacte alors le recteur de l'Université, auprès de qui il s'enquiert de l'étudiant le plus pauvre, le plus doué et le plus méritant de Paris. Il explique qu'il a l'intention de lui verser anonymement une mensualité pour améliorer son état. Le recteur accède à sa demande et lui signale un jeune homme représentant le cas souhaité, qui vit loin de sa mère, employée dans une boulangerie de province.

Ce dernier, d'abord surpris de recevoir un mandat chaque mois, s'y résout aisément, après quelques recherches infructueuses pour savoir qui lui envoie cet argent. Il apprend vite à soigner son physique, s'habille plus chic, remporte quelques succès.

Pédros qui observe discrètement ces changements, ravi de ses progrès, augmente son allocation.

L'étudiant commence à faire le joli cœur avec les filles. Et ce garçon intelligent se laisse griser, entraîner par des copains, et finit par négliger ses études.

Sa mère, inquiète de cette évolution, débarque dans la capitale, enquête et ayant appris l'existence de Pédros, se rend chez lui.

Là se situe la scène capitale du livre, au cours de laquelle cette femme, avec des mots très durs, reproche au vieillard d'avoir perverti son fils par l'argent.

Pédros se retrouve encore plus seul, plus désespéré qu'au départ, face à sa totale impuissance à faire le bien.

Je n'entends pas moraliser. Toute morale est restrictive.

Je voulais simplement illustrer cette réalité que découvre Pédros, qui est que même lorsqu'on veut donner, l'autre n'est pas forcément en mesure de recevoir. Quel dommage ! La vie serait tellement plus simple s'il en avait l'instinct.

Pourquoi défoncer le battant d'une armoire dont on a la clé dans sa poche ?

Ma porte, que j'ouvrais autrefois à tous vents, à présent est blindée.

Et ce que je reproche, au fond, à ceux qui m'assaillent de façon intempestive, c'est de m'avoir injecté comme un virus et de contribuer à développer en moi un sentiment propre à l'avare que je n'avais pas par nature, et que je n'aime pas, parce qu'il symbolise tout ce qui est improductif, terre en friche, racornissement, dessèchement, et que je l'associe au vieillissement — la méfiance.

Elle ne m'a pas encore totalement engloutie grâce à la chaînette fixée à mon vantail qui me permet de l'entrouvrir sans compromettre ma sécurité.

Il est probable aussi que je continuerai à m'exposer au danger pour respirer l'air pur car il me semble qu'il vaut mieux se faire rouler par cent personnes que de fermer son cœur à qui le mérite.

Mais à présent, je songe : quel temps me reste-t-il ?

13

Alors que j'arrive à la conclusion de ce livre qui relate mon parcours, je fais la découverte banale que le temps a passé très vite durant cette existence assez riche.

Et j'avoue que si l'âge ne me dérangeait pas autrefois, ce n'est plus le cas aujourd'hui.

Non que je craigne de moins plaire ou de paraître moins jeune. Ni parce que j'ai des rides. Mais je me demande de quel temps je dispose encore pour jouer tous les rôles que je voudrais. Je m'inquiète de ma résistance physique.

Bien sûr, on parvient maintenant à ravaler les visages, et il m'arrive de m'examiner dans une glace en songeant que je devrais peut-être me faire retoucher.

Je n'ai pu encore m'y résoudre. Le côté momifié de quelques façades que je connais ne me paraît pas une réussite. On ne peut pas inventer d'eau de jouvence pour la démarche. Et le corps dans son ensemble trahit de toute manière la date de naissance.

Si par chance le cerveau reste à peu près intact on retrouve encore son époque sur la gueule des autres.

L'âge conduit à la décrépitude et, qu'on le veuille ou non, on y est exposé comme l'arbre aux intempéries. Que faire, sinon subir ses atteintes, et vivre cet événement comme un cambriolage ?

« Chaque âge a ses plaisirs... », « L'argent ne fait pas le bonheur », « Mieux vaut être pauvre... », et plutôt être sourd que d'entendre ça ! Je récuse ces maximes censées nous rasséréner face à l'inéluctable.

Les satisfactions qu'on me promet ne sont pas celles que je me souhaite.

On m'assure qu'on pourrait conserver à se flétrir une certaine noblesse, et offrir cet aspect émouvant d'une rose de qualité qui s'incline doucement sur le rebord d'un vase.

A mes yeux, elle n'en paraît pas moins fanée. Et nul ne saurait nier que le temps est un métronome, de même que la vieillesse un processus irréversible, atroce et douloureux. Un fléau, une calamité.

A quoi bon se leurrer ? On ne vieillit jamais bien.

Et moi, la révoltée, j'ai du mal à me soumettre.

Du mal, aussi, à admettre qu'on puisse avec tant de désinvolture livrer au carnage, en divers points du monde, tous ces jeunes êtres que je vois passer sur mon écran, et périr sous les bombes ou rester mutilés.

Je m'interroge sur ceux qui ont intérêt à alimenter le massacre.

Quelle sottise d'amputer des êtres de leur jeunesse, ce moment si précieux après lequel les bonheurs qui surviennent ne s'avèrent plus que des palliatifs !

Notre actualité est cruelle. Il est des drames dont je ne me console pas, et que je ne comprends pas. Va-t-on m'expliquer ce qu'on court chercher dans les étoiles quand on met encore la planète à feu et à sang ?

Je suis assurément fascinée par le progrès, aussi émerveillée et attentive qu'un sauvage chaque fois que je monte dans un avion. Je trouve qu'on vit une période formidable. Aujourd'hui, il suffit que je tourne un bouton, et la musique pénètre à flots dans ma maison. J'en pousse un autre, et me voilà transportée en quelque lieu du globe.

Cependant je ne peux pas me résigner sans me rebeller à voir défiler ces cascades de malheurs qu'on nous montre à l'image — tous ces gens qui souffrent ou qui meurent à chaque instant devant nous. La petite fille qui s'enlise, ces bateaux en perdition, ces accidents d'avion, toutes ces détresses et ces tueries. Je fuis la surenchère.

Mon affliction devant ces réalités n'est pas l'expression d'une forme un peu romanesque de ma sensibilité, car aussi rétive que le cancre assis dans sa classe, j'attends qu'un maître me justifie pourquoi on observe simultanément les effets de la famine en Ethiopie ou ailleurs, alors qu'on jette dans nos contrées des tonnes de légumes ou de beurre au ruisseau.

Maintenir ainsi l'équilibre d'une communauté ? J'entends bien, sauf que je n'écoute pas.

Je n'ai aucun sens politique, mais je saisis sans peine, par les mathématiques, que si on ne change pas très vite d'options, au jour prochain où ils se réveilleront, des millions de ventres vides maîtriseront fort bien nos quelques ventres pleins.

Et puis si je ne connais pas précisément les variations atmosphériques, ni la structure du sol ni les ethnies de continents éloignés comme l'Afrique ou l'Asie, je ne conçois pas, en revanche, qu'on puisse me citer le chiffre d'un million d'affamés pour la France, ce pays que j'adore et qui est un pays riche, cerné par trois mers, et dont l'agriculture est favorisée par un bon climat et une terre fertile.

Ma logique ne s'accorde pas au diapason d'un système qui m'impose les soupes populaires. Et je souhaiterais que les Restaurants du Cœur n'aient pas besoin d'exister.

Coluche était unique en son genre. J'aimais chez lui l'artiste qui avait eu cette trouvaille de mettre en scène, en les portant à leur apogée, la bêtise et la vulgarité. Personne ne pourra le remplacer. Sa mort m'apparaît comme injuste.

Et je ne conteste pas son action pour soulager la faim. Mais je regrette que l'Etat, en cette occurrence, n'ait pas rempli son devoir.

Il procède de l'aumône une humiliation que je juge insoutenable, et que je lisais dans le regard de ce pauvre que je visitais à Istanbul. Je réprouve à ce titre toutes mendicités ou charités collectives, galas et autres œuvres.

Je considère que le problème posé par la misère doit se régler dans la dignité. Individuellement chacun peut apporter sa contribution en traitant celui ou ceux qu'il protège comme on aide une plante à s'épanouir. Mais, dans la mesure où il perçoit nos impôts, cette charge revient à l'Etat. La présence des Restaurants du Cœur prouve, hélas, sa défection. J'avais une autre idée de la France.

Alors le bonheur. Oui. Par instants. Fugitif, fugace.

Ma lucidité engendre un certain pessimisme. Mais il n'est pas dans ma nature d'abdiquer et de m'enfermer dans le désespoir.

Il me semble au contraire que nous vivons dans une époque si extraordinaire, si fabuleuse, si pleine de promesses que j'enrage quand on la dénigre.

Si l'on m'offrait, comme au mendiant de Bagdad, la possibilité de faire un vœu, je choisirais sans la moindre hésitation de renaître maintenant.

Plus j'avance en âge, et plus je voudrais à chaque instant pouvoir recommencer une vie. Hélas, le temps qui m'est imparti est court... Trop court.

Tout en constatant qu'une carrière est la somme des regrets de ce que l'on n'a pu faire, j'ai gagné l'oasis. Je pourrais m'asseoir dans une barque et n'entendre autour de moi qu'un doux clapotis.

Mais je rêve, pour ma part, d'une boutique où l'on vendrait la vie. Voici un conte fantastique : un lieu où tous ceux qui la gâchent, qui ne savent qu'en faire ou qui souhaitent y mettre un terme viendraient céder leur vie, ne serait-ce qu'une tranche de leur vie, à ceux à qui le temps manque pour achever ce qu'ils souhaitent accomplir.

Une branche s'agite devant ma fenêtre, et je retrouve cet arbre du jardin de mon enfance sur lequel je grimpais. Mon œil, comme hier, en espérant demain, se rive sur l'impossible.

Plus un être évolue, et plus il rêve. Et plus l'impossible devient sa réalité.

Je voudrais conclure ce livre par une phrase que Cocteau avait pris soin de m'écrire, chez Baumanière, sur une feuille que j'ai conservée.

« La solitude des poètes vient de ce qu'ils se

doivent de vivre très au-dessus des moyens de leur époque. »

Je l'ai placée à la tête de mon lit, comme un crucifix. Je la relis souvent même si je la sais par cœur. Elle est juste comme tout ce que les poètes disent. Et pourtant je voudrais compléter ce credo par un *post-scriptum :*

« J'aime le rêve, j'aime la réalité, j'aime la vie, et j'aime par-dessus tout ma vérité. »

Achevé d'imprimer en septembre 1986
sur presse CAMERON
dans les ateliers de la S.E.P.C.
à Saint-Amand-Montrond (Cher)

N° d'Impression : 2029-1351.
N° d'Édition : 11543.
Dépôt légal : septembre 1986.
Imprimé en France